JN287542

ミネルヴァ日本評伝選

商会之実ハ一家之事業ナリ

岩崎弥太郎

武田晴人著

ミネルヴァ書房

刊行の趣意

「学問は歴史に極まり候ことに候」とは、先哲荻生徂徠のことばである。
歴史のなかにこそ人間の智恵は宿されている。人間の愚かさもそこにはあらわだ。この歴史を探り、歴史に学んでこそ、人間はようやくみずからの正体を知り、いくらかは賢くなることができる。新しい勇気を得て未来に向かうことができる。徂徠はそう言いたかったのだろう。

「ミネルヴァ日本評伝選」は、私たちの直接の先人について、この人間知を学びなおそうという試みである。日本列島の過去に生きた人々の言行を、深く、くわしく探って、そこに現代への批判を聴きとろうとする試みである。日本人ばかりではない。列島の歴史にかかわった多くの異国の人々の声にも耳を傾けよう。

先人たちの書き残した文章をそのひだにまで立ち入って読み、彼らの旅した跡をたどりなおし、彼らのなしとげた事業を広い文脈のなかで注意深く観察しなおす——そのとき、はじめて先人たちはいまの私たちのかたわらによみがえってくる。彼らのなまの声で歴史の智恵を、また人間であることのよろこびと苦しみを、私たちに伝えてくれもするだろう。

この「評伝選」のつらなりのなかから、列島の歴史はおのずからその複雑さと奥ゆきの深さをもって浮かび上がってくるはずだ。これを読むとき、私たちのなかに新たな自信と勇気が湧いてきて、その矜持と勇気をもって「グローバリゼーション」の世紀に立ち向かってゆくことができる——そのような「ミネルヴァ日本評伝選」にしたいと、私たちは願っている。

平成十五年（二〇〇三）九月

上横手雅敬
芳賀　徹

岩崎弥太郎銅像

（安芸市観光協会提供）

現在の安芸市（安芸市提供）

三菱創業の地　大阪西長堀（三菱史料館所蔵）

はじめに

「第二の維新」の代表者

岩崎弥太郎《いわさきやたろう》は日本の経済発展を担った経済界のパイオニアの一人であることに異論はないだろう。かつて、歴史家田中惣五郎は、西南戦争後、つまり西郷隆盛、大久保利通、木戸孝允という維新の三傑と呼ばれた指導者が去った後の「第二の維新」の時代を代表する人物として、「政治的代表は大隈［重信］であり、思想的代表は福澤［諭吉］だとしたら、経済的代表は岩崎である」と書いたことがある（田中、三頁、［ ］内引用者、以下同じ）。

岩崎弥太郎は、海運業を基盤として三菱財閥の基礎を築き上げた人物であった。もっとも維新期に台頭した豪商の中で弥太郎は比較的早く死去したため、財閥としての三菱の発展には、二代目を継いだ弟の弥之助《やのすけ》、三代目となる弥太郎の長男久弥《ひさや》、四代目となる弥之助の長男小弥太《こやた》という、四人のオーナー経営者たちのそれぞれの活躍を見逃すわけにはいかない。従って本書は、三菱財閥の出発点となる岩崎弥太郎の生涯を辿り、明治維新期の日本の事業活動のあり方の原点を探りながら岩崎弥太郎の人物像を描くことになる。

ところで、岩崎弥太郎にはしばしば「政商」という冠がつけられることがある。この言葉は、現代的な感覚からみればダーティなイメージを伴うものであろう。実際、政治に癒着しながらそこから不正な利益を得ていた事業家たちを、いつの時代も見出すことはできる。それは時代を超えた存在といってもよいと思われる。しかし、明治の初め、岩崎の事業活動が政府との強い関係を持っていたからといって、直ちにその性格を同様にダーティなものと見なすのは適切ではない。

政商とは

もともと資本主義経済が形づくられてくる時代には、政府部門の経済活動の影響が相対的には大きく、また、その政策的な運営のあり方に民間事業が強く規定される面があった。明治初期の日本に即してみれば、地租として徴収され、政府部門を通って流れる資金の意味がかなり大きいために、ビジネスチャンスは政府部門の周りに集まる傾向がある（武田『財閥の時代』第2章参照）。これに対して、民間企業が成長する産業革命の時代以後になれば、民間部門の中で自律的に新しいビジネスチャンスが生まれる。この違いに留意しながら、岩崎弥太郎の事業がどのように展開していったのかを歴史的な事実に即して検討したい。

仮に弥太郎の活躍した時代を「政商の時代」と呼ぶことができるとすれば、そこには、政府と政商との相互依存とともに緊張関係も見出すことができるはずであろう。なぜなら、岩崎家に対する「政商」という批判的なイメージは、弥太郎の晩年に藩閥政府批判の政争のなかで生み出されたものだからである。政府が仕掛けた共同運輸設立による三菱の海運事業に対する攻撃にさらされるなかで死の床に就いた弥太郎の姿には、「政府との癒着」というような政商論では理解しにくい政府との緊張関係の存在が示唆されている。

決まらない進路

こうした捉え方に従って、本書は、幕末維新期という激動の時代に生きた岩崎弥太郎の波瀾万丈の生涯を描くことになる。読者は読み進めるにつれて、弥太郎が事業家としての目標をいかにして選択していったかを知ることになるが、そこで見出されるのは、「確固たる信念のもとに一路邁進した」というわけではない、迷い、とまどいのなかにあった弥太郎の心情と、その経路の紆余曲折である。そのことについては、本書の末尾で改めて論じるが、描かれる物語に、あらかじめ予想されるような一筋の途がなかったことは強調しておいてよい。

さまざまな伝記

それだけ魅力的なテーマであるから、岩崎弥太郎の生涯は、歴史家たちだけでなく歴史小説家たちの関心をひいてきた。学術的な検討にもたえうる伝記としては、田中惣五郎『岩崎彌太郎』（千倉書房、一九四〇年）と、入交好脩『岩崎弥太郎』（吉川弘文館、一九六〇年）があり、入交は各種の伝記のなかで田中の書物とともに松村巌『岩崎彌太郎』（内外出版協会、一九〇四年）も「それぞれ時代の要請に応えんとする著者の独自の歴史観に基づくものであるだけに、該評伝中の双璧」と評価している（入交、二頁）。また、しばしば参照される伝記に山路愛山『岩崎彌太郎』（東亜堂書房、一九一四年）もある。

他方でフィクションの世界では、管見の限りでも、村上元三『岩崎弥太郎』（朝日新聞社、一九六四年）、川村晃『物語と史跡をたずねて　岩崎弥太郎』（成美堂出版、一九八〇年）、邦光史郎『巨人岩崎弥太郎』上・下（日刊工業新聞社、一九八一年）、嶋岡晨『実業の詩人・岩崎弥太郎』（名著刊行会、一九八五年）などがある。それらは、作家それぞれの関心から岩崎弥太郎という人物像を描いている。そして二〇一〇年に放送されたNHK大河ドラマの影響もあってその数は急増している。

また、岩崎家では『岩崎東山先生伝記』が、正式の伝記として岩崎久弥のもとで奥山正治の編纂によって一九一六年に完成されていた。子孫のために「岩崎家の家乗秘録として毫も修飾を加へす直筆実叙」するもので、長く非公開であったが二〇〇四年に三菱経済研究所史料館から復刻され、利用可能になっている。また、同様に新しい史料として同館から弥太郎の母である美和の手記『美福院手記纂要』（三菱経済研究所、二〇〇五年）も公開された。他方で、三菱系各会社の発起に基づいて一九六二年に設立された岩崎彌太郎・岩崎彌之助傳記編纂會によって『岩崎彌太郎傳』上・下（一九六七年、執筆中野忠夫）が刊行されており、同会からは『岩崎彌太郎日記』（一九七五年）も刊行されている。このうち、『岩崎彌太郎傳』上・下（以下、単に『伝記』と記すときは、この書物をさす）は、現時点で利用可能な最も信頼できる伝記と考えられている。

本書はこれらの先達たちの業績だけでなく、本書末尾の参考文献に記した三菱財閥史・明治海運史などの研究も参照しながら、経済界の「パイオニア」としての岩崎弥太郎の生涯を描くことにしたい。新たに付け加える所は必ずしも多くはないが、幸いに前記のような新しい資料の公開もあり、また、三菱史料館の史料公開と研究活動が近年蓄積されてきているから、これまでの伝記にはない側面も描けるのではないかと考えている。

文献に関する注記

岩崎彌之助傳記編纂會『岩崎彌太郎傳』上・下、一九六二年	『伝記』上、下
岩崎彌之助傳記編纂會『岩崎彌太郎日記』一九七五年	『日記』
三菱経済研究所『美福院手記纂要』二〇〇五年	美福院
三菱経済研究所『岩崎東山先生伝記』二〇〇四年	東山伝記
木内錬三郎『岩崎彌太郎君伝』一八八五年	木内
南海漁人著『岩崎彌太郎』集文館、一八九九年	南海
弘松宣枝『岩崎彌太郎』民友社、一八九八年	弘松
松村巖『岩崎彌太郎』内外出版協会、一九〇四年	松村
山路愛山『岩崎彌太郎』東亜堂書房、一九一四年	山路
田中惣五郎『岩崎彌太郎』千倉書房、一九四〇年	田中
白柳秀湖『岩崎彌太郎』潮文閣、一九四二年	白柳
入交好脩『岩崎弥太郎』吉川弘文館、一九六〇年	入交
村上元三『岩崎弥太郎』朝日新聞社、一九六四年	村上
川村晃『物語と史跡をたずねて　岩崎弥太郎』成美堂出版、一九八〇年	川村
邦光史郎『巨人岩崎弥太郎』上・下、日刊工業新聞社、一九八一年	邦光
嶋岡晨『実業の詩人・岩崎弥太郎』名著刊行会、一九八五年	嶋岡
小風秀雅『帝国主義下の日本海運』山川出版社、一九九五年	小風
佐々木誠治『日本海運競争史序説』海事研究会、一九五四年	佐々木

＊引用にあたり、できるだけ原文を尊重することとしたが、読みやすさ等を考慮して、旧字を新字に、旧かなづかいを現代かなづかいに、カタカナをひらがなに直したところがある。
また、引用文中、途中を省略した場合は、「…」で示した。

岩崎弥太郎——商会之実ハ一家之事業ナリ

目次

図版写真一覧

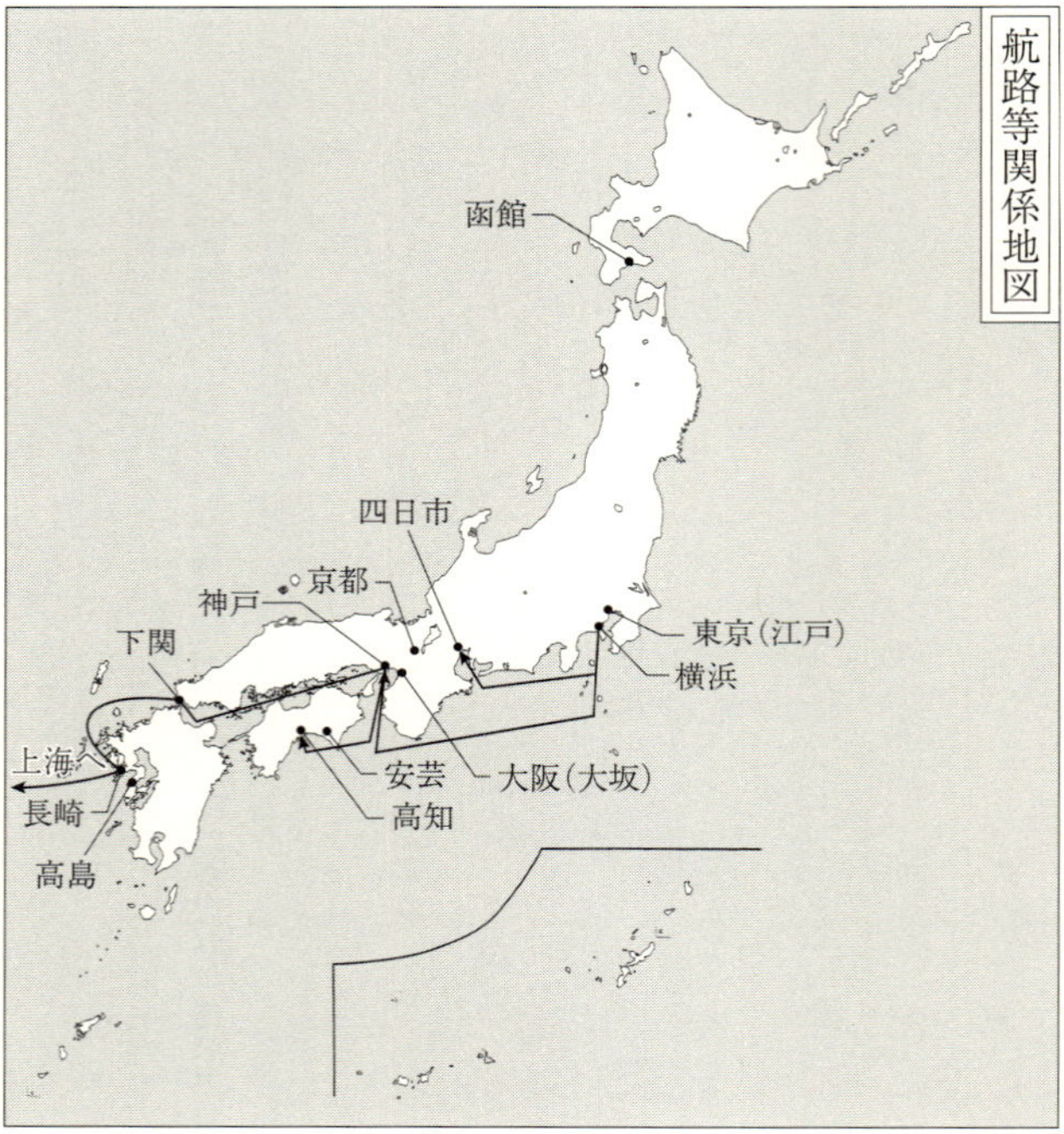
航路等関係地図
函館
四日市
京都
神戸
下関
東京(江戸)
横浜
上海へ
長崎
高島
安芸
大阪(大坂)
高知

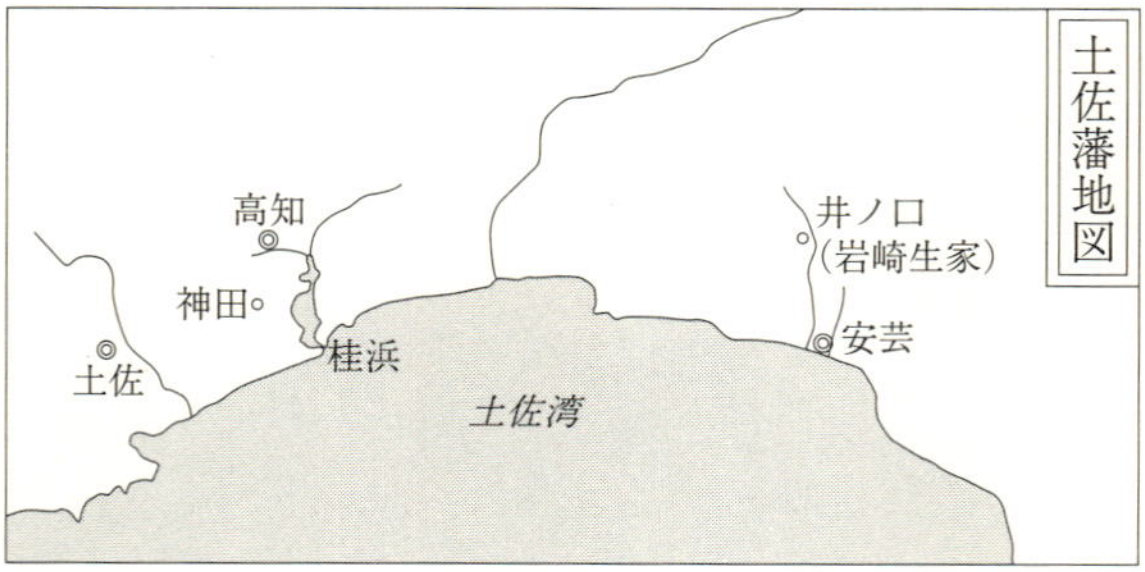
土佐藩地図
高知
神田
土佐
桂浜
土佐湾
井ノ口
(岩崎生家)
安芸

第一章　長い荆の道

1　生い立ち

岩崎家の系譜

岩崎弥太郎は、天保五年一二月一一日、土佐国安芸郡井ノ口村に生まれたと伝えられる。西暦では一八三五年一月九日に生まれたことになる。福澤諭吉が同年の生まれ、土佐では坂本龍馬が一つ歳下、板垣退助、谷干城《たにたてき》は三つ歳下、後藤象二郎《ごとうしょうじろう》は四歳年下になる。四、五歳違いでかたまって、幕末・維新期の土佐藩を代表する人物たちが生まれていた。弥太郎はその中では少し年長だが、身分は一番低かった。

弥太郎の生家である岩崎家は、『岩崎彌太郎傳』（以下、単に『伝記』と記す）によると、元禄期以前については、井ノ口村にある墓地に墓碑が残っていないというから、墓碑や過去帳などの手掛かりも明確でなく、元禄期以前の岩崎家の事跡についてはよくわからない、つまり、記録の残りにくい、

「その他大勢」の一人というのが、岩崎家の実態だった。

この点について、田中惣五郎『岩崎彌太郎』は土佐藩の郷士家系を探ることのできる史料『郷士地払根据《ねずえ》帳』の土佐郡の冒頭の項に「岩崎弥太郎」の名前があることから、「土佐郡森郷溜井村の郷士岩崎弥太郎が地下浪人となって安芸郡井ノ口村に移住した」との推定を紹介している。しかし、これを推定した元山内家家史編纂所員が後に自らその考証の誤りを認めており、『伝記』などでは同姓同名の別人とされている（入交、一四〜一五頁、『伝記』上、六六頁）。

一領具足という起源

曾祖父の時代まででも十分にはさかのぼれないほど不明な点が多いのだが、岩崎家の伝承によれば、甲州武田家の流れをくんだ家であり、後に土佐に移って安芸氏に仕えたが、安芸氏が長宗我部氏に滅ぼされたあとは長宗我部氏に仕えた。関ヶ原後に山内氏が入国すると安芸・長宗我部両氏の家臣であった岩崎家は山野に隠れて農耕に従事した。つま

弥太郎の生家跡
（出所）嶋岡晨『実業の詩人・岩崎弥太郎』10頁。

り事実上帰農したということになる。

山内家が長宗我部氏の旧家臣群に対して「一領具足《いちりょうぐそく》」という中世的な半農半武の在郷武士に身分上の格づけを与えたことが、岩崎家の身分を決めた。それは事実上、旧家臣群を百姓並みに格下げするものであった。その結果、岩崎家は江戸時代を通じて土佐藩の身分制の下では士族の最下層、あるいは農民の最上層、ちょうど士と農の中間のところに位置づけられたことになる。

岩崎家の資産状態

弥太郎の母美和によると、「当家は代々郷士職分にて相応の大家なりしも、弥次右衛門の代に至り追々家計不如意となり、終に郷士の株を人に売り渡し地下浪人の身分となり、其後仕法を立て次第に身代も立ち直りたる模様にて、妾が嫁入り参りたる時分はなかなか裕福に大家の暮を致し居りたり」（美福院、二二頁）と回想している。つまり、藩の格式でいえば郷士格を得たこともあり、かなりの資産を持っていたと考えられる。

しかし、次第に所有耕地を減らし、岩崎弥太郎が生まれた天保期になると、比較的上層の農民に位置していた家計が傾きかかっていた。また郷士株も売却（郷士他譲）して、入交好脩によれば四〇年以上郷士職にあったものが郷士他譲の際に認められていた呼称である「地下浪人《ぢげろうにん》」の身分に落ちていたという（入交、八頁）。

父　弥次郎

岩崎の家計が傾きかけた理由は、弥太郎の父弥次郎にあった。弥次郎は経済に才のない人で、借財をつくって、田地を抵当に入れたり売却したりして次第に資産を失った。

しかも父の弥次郎は、安政二年（一八五五）、居村の庄屋との紛争事件で足腰が立たないほど打ちのめ

母・美和

父・弥次郎

（出所）　嶋岡晨『実業の詩人・岩崎弥太郎』11頁。

されて畑仕事ができない体になってしまい、後半生は、小鳥を入れる籠づくりに使う竹ひごを削って暮らしていた。この事件のことは後に改めてふれるが、これを契機として「小作人との関係も壊れ、小作米の取り立てもできなくなった」ことも、家計の逼迫をもたらす要因となった（美福院、六頁）。こうして、弥太郎が家計を立て直すまで、弟の弥之助が「母がわたしを背に負ひ、川のほとりの田地にゆき、耕しておられたのを覚えてゐる。母は急に目まひがしたか、よろよろと倒れかかり、暫く地面に坐っておられた。子供ながら、その時の母の苦労は大変なものであると感じた」と回想しているほどの困窮した様子だった。

地下浪人の暮らしぶり

土佐藩士だった佐々木高行の『佐々木老侯昔日譚』には、地下浪人になると家禄はないが「苗字帯刀は許されている。降雨の際には履き物を履く事ができる」などの名誉は守られており、一般的には「少数の富裕農とともに、四室以上の家作を有して、出張役人及び御用人の宿泊所を供しうる程度のもの」であったと説明されている（田中、二〇～二一頁）。

しかし、岩崎家の現実は、そうした一般的な評価と比べると、かなり傾きかけていたようであった。もちろん、それは極めつきの赤貧というほどではなかった。というのは、それほどの貧しさであれば、一家の重要な労働力となる長男が家を離れることは難しかったはずだからである。後に述べるように、熱心に取り組んだとは必ずしもいえないが、弥太郎には修学の機会が与えられた。母美和が二男の弥之助などの助けも借りながら苦労して家計を支えてのことではあるが、その程度の余裕はあったし、弥太郎が江戸遊学する費用を捻出するための資産も残ってはいた。

弥太郎が江戸遊学に際して郷里の父母に送った手紙の中に、「ひとへ物二枚、かたびら二枚、はかま一つ、あせ取一枚、かみ、皆々まちがいなく相届き候。誠に不自由のなきよふに相成り、大いに相喜び申候」と書き送っている（『伝記』上、一四〇頁）。つつましい身の回り品ではあるが、それらを取り揃え、江戸遊学に出た息子を追いかけるように送ってきていた。その親心に対して、「もはや盆祭り、墓の御掃除など申すに及ばず、諸払方などにて色々御世話しく御苦労様と存じ奉り候」とも弥太郎は書いている。家計の負担に思いを致さなければならないほどの仕送り品であったことがわかる。

弥太郎が江戸に遊学した安政元年（一八五四）は不作の年だったから、美和の回想には「家内一同は弥太郎の事計り大切に思ひ御婆様と共に家を大事と思ひ身も容も構はす家は没落次第にて障子又は外の囲ひは外つれ……内の竈《かまど》は三十日すると土の仕倣し悪るく直に崩れ込み……畳の破れた所は糊て貼り着けて置く様の始末にて……」と、実家の苦労が綴られている。弥太郎のためには、相当の無理を重ねて勉学の費用を捻出したことがわかる（美福院、六五二〜六五四頁）。

上層の農民たちでも年に一枚程度の古着を買うことくらいが衣料の消費水準だったといわれる時代だったから、それに比べると、数年分の出費が必要な仕送りだったからである。それがまかなえるほどの、しかし、これが精一杯のものだったのだろう。岩崎家の家計状態が極めつけの赤貧というわけではないというのは、そんな状態から推測されることである。

美和は、「生れたる時より昼夜となく泣き立て誠に荒々しき様の児なれども我は成る丈自由に育て上げ七才の時より書物を読み始めさせ」（美福院、一二五頁）

ガキ大将、弥太郎

た、と弥太郎の生い立ちを回想している。

世間的にみれば落ちぶれかかった家のなかで育った弥太郎は、九歳から十一歳の夏まで小牧米山《めいざん》から書物手習いなどの教えを受けた。そうした勉学は、士族の下層の人びとや富裕な農家の子弟には広く開かれたものであった。しかし、まじめに勉学に励んだというわけではなかった。実際には、手のつけようがないガキ大将という感じの子供だった。母美和は「不調法故大に心配致し」と書いている。『伝記』は、「餓鬼大将で勉強に身が入らず、次々に師匠を換へた手に負へぬ頑童である。気性は激しく、負けることが嫌いである。同じ年頃の子供を集めて大将を気取り、敏捷で頭の回転が早い、悪戯をして人を手こずらすが、気立はやさしく、弱い者や貧しい者の世話をするので人気がある」（『伝記』上、三頁）と、この時期の人物像を描いている。

2　学問への志と挫折

陽明学を学ぶ

このガキ大将が、一四歳の時には藩校の学業試問で賞を受け、一五歳の時には高知の岡本寧浦（母親の姉の夫）の塾で陽明学を学ぶなど、次第に学問に志を抱き、二〇歳を越えてからは奥宮慥斎《おくのみやぞうさい》、安積艮斎《あさかこんさい》に教えを受けるようになった。

この間、弥太郎が学んだのは漢文を中心とした学問であり、西洋の事情に通じるような新しい学問ではなかった。彼の向学心をくすぐったのは、いとこの岩崎馬之助のようで、『伝記』では馬之助に対する対抗心が強調されている。共通の師であった小牧米山は、「読書力は岩崎馬之助、詩才は弥太郎である」と評したという（『伝記』上、三頁）。詩を論評する力は著者にはないが、弥太郎が漢詩を好み、青年時代の日記に日を決めて漢詩を作ったと書かれており（『伝記』下、六二四頁）、日記などには漢詩という形式での記録を残していることは事実であった。

弥太郎は、その馬之助が藩校の試問でも先んじて賞を受け、郷党の秀才として江戸に出たことに刺激されて勉学に励むことになったという。もっとも、一五歳で入塾（紅友舎）した岡本寧浦との師弟関係は長続きせず、「十六十七十八才と三年の間は安芸にては唯尺八を吹き抔致し、或は山川の殺生抔を楽みに致し暮し十九才の年より又々学問に傾き再び高知に出て岡本に参り勉強致し候様に相成り」（美福院、一二七～一二八頁）という、屈折を経過している。せっかくの機会を生かさない我が子に対する落胆する姿が目にうかぶが、この母の言葉から、弥太郎がこの時期には勉学から落ちこぼれて遊び惚けていたようにみえる。少なくとも彼が実家の家計を助けるために尺八を吹き、狩猟を楽しむ毎日を三年ほど過ごしたことになる。少なくとも彼が実家の家計を助けるために働かざるをえずに、学ぶ意欲を満たす機会をえられなかったわけではないことだけは確かであった。

岡本寧浦の門下に再び「参り勉強致し」と美和は書いているが、この一九歳で再燃した学問への志は岡本の死のために中断した。そのため再び実家に戻った弥太郎は、二一歳の年（安政元年、一八五四年）の九月に、土佐藩留守居組だった奥宮慥斎が江戸詰となる機会に、その従者として江戸に行くことになった。ここでもまた二年ほどの空白がある。再び無為の日々を過ごしたことになる。

江戸に出る

しかし、江戸行きを実現しようと思いついた時の弥太郎の行動は果敢であった。奥宮慥斎の江戸行きを知ると、奥宮を訪れて江戸遊学の志を述べ、従者に加わることの許しを懇願した。「弥太郎の志に動かされた奥宮は即座に快諾し」たという（『伝記』上、一一五頁）。許しを得ると直ちに奉行所に行って手続きを済ませた。このために都合三十数里（一〇〇キロ）ほどの道のりをわずか二日で駆け抜けたという。弥太郎の身分では単独での出国許可は出なかったから、従者として江戸に行くという機会を逃すわけにはいかなかったのであろう。弥太郎の必死さがにじみ出ていた。

こうして弥太郎は、馬之助に四年遅れて奥宮慥斎の供として江戸に上り、安積艮斎（二本松藩の藩校の教授から江戸昌平学の儒員＝儒学の教員になったと伝えられている人物）の塾に入ることを目指した。奥宮は江戸に到着直後に芝の愛宕山に登ったときの弥太郎の様子を「彌生、瞠目して歎嗟休《や》まず」と書いている。完全な「お上りさん」状態だったのである。

焦る弥太郎

せっかく江戸に学問への志を秘めて出たものの、藩からはなかなか修学の許可が出なかった。「土佐藩の規則では、従者の身分にある者は藩外の他門に学ぶことを禁じて」いたからであった（『伝記』上、一三三頁）。そのため安積の塾への入門を果たせぬままその年の暮れは過ぎ、年が明けた。その時のむなしさを託した漢詩を弥太郎はその正月に日記に記している。嶋岡晨『実業の詩人・岩崎弥太郎』にその現代語訳が、詩人である嶋岡によって紹介されている（嶋岡、二二頁）。

遠く東都にあって新年を迎える。しかし、
私は深く恥じるのだ。まだ何の仕事も手をつけていないことを。
屠蘇の酔いもさめ眠れないまま、寒い部屋で、
ひとり灯に向かえば、いっそうわびしくてやりきれぬ。

無念と焦燥が弥太郎を襲っていたようであった。嘉永六年（一八五三）にはペリーが浦賀に来航し、弥太郎が江戸に出た翌安政元年（一八五四）の春には日米和親条約が調印された。江戸は、長い鎖国

から開国への急変のなかで騒然としていた。同じ土佐藩の坂本龍馬は、弥太郎より早く嘉永六年三月に剣道修業を名目に江戸に出て、この開国の激動を当初から経験していた。

安積艮斎に入門

そうした騒然とした状況のなかに飛び込んだ弥太郎がこの機会を逃すまいと必死な思いでいたことは間違いなかった。その希望が、年が明けてしばらくした一月一三日に藩の許可が出てようやく叶うことになる。勉学に弾みがついたことは間違いなかったが、この江戸遊学の記録は少ない。

学問に専心するといっても、弥太郎は学者を志したというわけではなく、それを実用的な力として立身を図ることが目的だった。もともと詩才には秀でたものをもっていると評価されていた弥太郎は、安積の塾で文章にも磨きをかけたというのが『伝記』の伝えるところである。同窓の書生たちには、その精進ぶりで一目置かれる存在でもあった。

「長身顧眄にして峭聳、眼光人を射る」と弥太郎の姿を描いた同門の塾生の詩文が残っている［顧眄：みまわす、自分の勢いを他に示す様。峭：たかい、険しい。聳：そびえる］（『伝記』上、一四六頁）。だから、この時期の弥太郎は、まわりを見回すようなかなりの長身で、人を射抜くような目をしていた。誇張があるとしても、貧弱・貧相な貧乏書生という印象ではなかったということだろう。

一〇月初めの安政の大地震の時には、安積艮斎の安否を確かめ、先生の親戚を保護して避難するなど落ち着いた行動で塾生たちから称賛されている。もっとも、この弥太郎の行動は、その前年江戸への途上、京都滞在中に大地震に遭遇した際に、奥宮慥斎の老母を助けて避難する際に、かなり狼狽し

「弥生、いたくあわてさわぎて、茶碗、火桶などを蹴散らし、倉皇失錯せしとなん」と慥斎先生に叱責されるほどの失態を演じた時の経験が活きただけのことであった（『伝記』上、一二八、一三九、一四三頁）。

これと対照的に、南海漁人の伝記では、「奥宮の紹介にて当時有名の漢学者安積艮斎の門に入りしも兎角に放蕩無頼にして塾中の風儀を乱しければ艮斎も大に困り他日奥宮に向ひて同じ岩崎でも馬之助の方は見込あれど弥太郎丈は御免を蒙りたしと云ひし程にてありし」と江戸遊学中の弥太郎が描かれている（南海、六頁）。この南海漁人の伝記は、その伝えているエピソードにいろいろと問題があるものだから、割り引いて考える必要があるが、弥太郎への高い評価の証拠になっている同窓の書生たちの詩文も、弥太郎帰国の際の送別の辞だから文字通り受け取るというわけにはいかないのかもしれない。これほど極端な評価が書き立てられるほど、この時期でも弥太郎の姿を正確に描けるだけの記録は少ない。

そして、これ以上取り立てて書くほどのことがないのが江戸の弥太郎の生活だった。

母からの手紙

これほど記録が少ないのは、江戸遊学が短期間にとどまったためでもあった。安積塾に入門した年の暮れ、安政二年（一八五五）一二月に父弥次郎が庄屋との紛争事件に巻き込まれたという報らせが入り、母美和が助けを求めていることがわかると、遊学を中断して帰郷したからである。

せっかく入門を許された塾生が、中途で勉学を放棄すれば、再びチャンスが与えられることはない。

井ノ口岩崎家系図

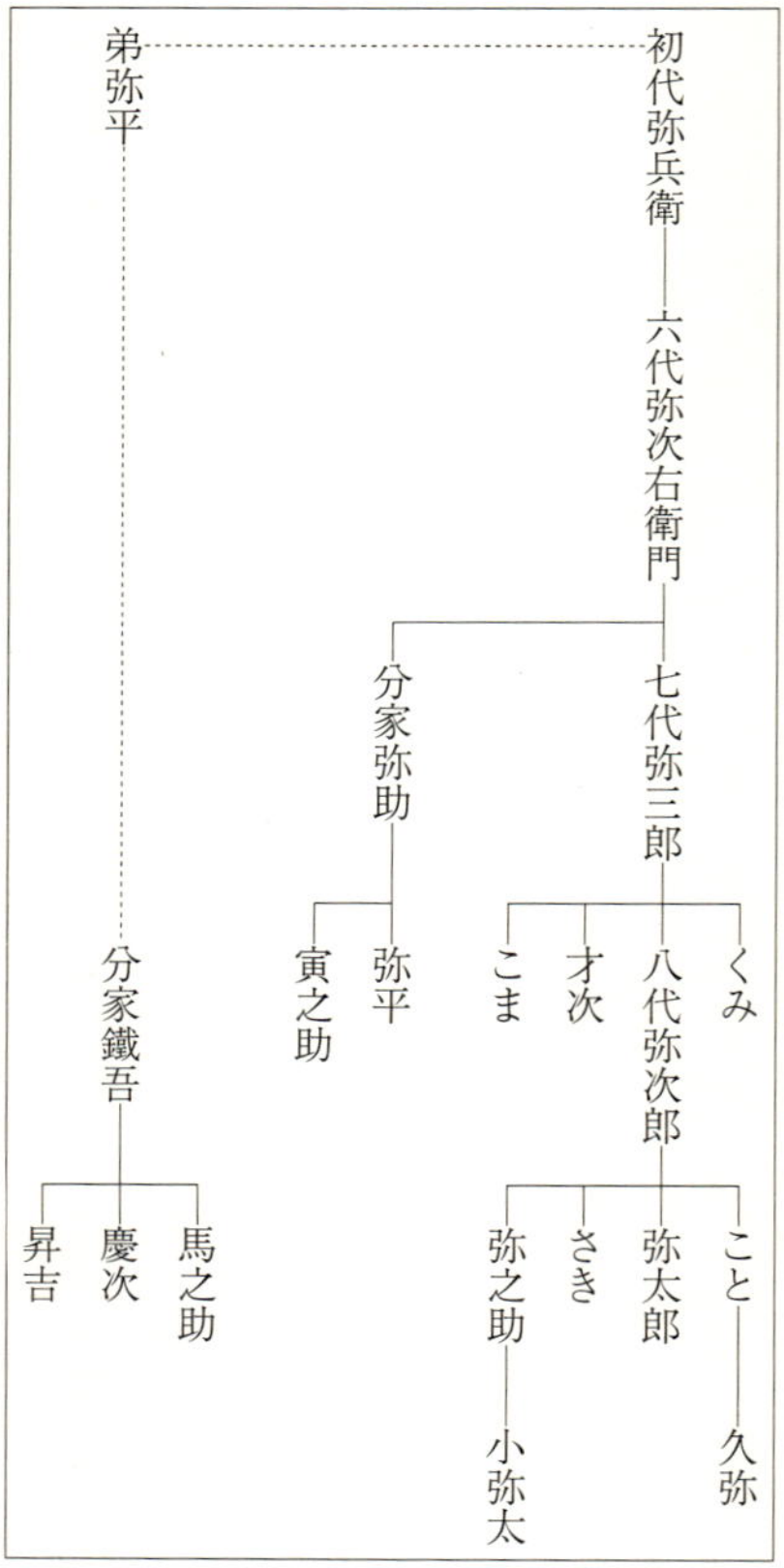

そのことは弥太郎にもわかっていた。しかし、弥太郎は帰郷することを決断した。こうと決めたら猛進する。江戸に出るときも江戸を離れるときも、思い込んだら猪突する弥太郎であった。

岩崎三家の内紛

この事件は、岩崎家が居村でどういう位置にあったかを知るうえでは、重要な事件である。岩崎弥太郎の生家は岩崎の本家であるが、分家の岩崎鐵吾家が村の老役《としよりやく》、別の分家の岩崎寅之助家が同様に村の納所役《なっしょやく》を仰せつかっていた。この分家二つと、庄屋の島田便右衛門家の三家が、岩崎弥次郎の本家と対立していた。これがこの紛争の構図であった。

美和は、「岩崎弥助は舅御弥三郎様の弟、弥二《ママ》郎殿には叔父に当り相応の家督を分け別家致したる家なれども弥三郎様の代半ば頃より兎角本末の間睦からず」（美福院、三五頁）と、本家と分家との間の深刻な対立関係が先代（弥太郎の祖父の時代）の時期より長く続いていたことを詳しく書き残している。金銭も絡んだ争いが続いていたようであった。

庄屋との紛争事件

問題の事件は、酒の席で喧嘩となり殴り合ったことであったが、弥次郎は足腰が立たなくなるほど殴り倒され、人事不省のまま隣家に放り込まれ、その家の者に背負われて帰宅したという激しいものであった。それほどに本家と分家の争いは長年鬱積していたものがあった。加えて岩崎本家の弥次郎は庄屋島田便右衛門ともたびたび紛争を起こしていた。これらがこの事件の背景にあることを『伝記』は強調している。村内の争いごとは、たとえば水争いであるとか、年貢米にあてるために用意されていた共同耕地の取入米の処分の仕方についての争いであるとかであり、弥次郎は、庄屋島田のやり方にことごとく盾ついていたようであった。

事情の複雑さを示しているのは、殴打事件のきっかけになった酒の席も、三年越しの水争いに決着がついたことを祝うはずの手打ちの席だったことである。この水争いは、庄屋たちと百姓十数人との間の争いであり、その仲介の労をとったのが弥次郎であった。分家の鐵吾や寅之助は庄屋を支持して弥次郎と対立していた。この水争いの対立のあり方に、庄屋側がかなりの数の百姓から不信の目で見られていたことが如実に表れている。それはともかく、その永年の紛争にようやく決着がついたので、仲介の労をとってくれたお礼に庄屋の家に招かれた席だったことになる。そして、その席で弥次郎は同席した何者かに殴られて人事不省となり、後遺症で畑に出られなくなった。相当ひどい暴力事件だったといってよい。

役所に訴え出る

母の美和はなかなか気丈な人であった。当時長男の弥太郎は江戸に行って不在のため、代わりにこの事件を糾明するために、まず庄屋宅に行って、犯人を明らかにして処分するように申し入れた。ところが、庄屋には取り合ってもらえないために、役所に「恐れながら」と訴え出た。

しかし、役所では弥次郎のけがは「日頃焼酎を飲み過ぎている結果であろう」と相手にせず、訴えが退けられた。それだけでなく、弥次郎に対して「親切にも家にまで送りとどけた庄屋の恩を仇で返す不届者とされ、入牢を申し付けられてしまった」(入交、三七頁)。家に送り届けたのは、隣家の者であり、庄屋の家の者ではないから、この役所の判断は相当に事実をねじ曲げていた。井ノ口村の者が後に語ったところによると、「弥次郎大酔して例の悪口を為すや、[庄屋島田]便右衛門は同家出入りの角力取前田彦右衛門と共に弥次郎を殴打し、岩崎の隣家に投げ込みたり」というのが真相に近いようである(『伝記』上、一六九~一七〇頁)。この証言にもあるように、酔うと口が悪いなどの悪癖があったことが弥次郎には不利に働いたかもしれない。美和の力では真相を追及することには限界があった。

弥太郎の帰郷

その年暮れに美和から江戸の弥太郎に届いたのは、こうした状況を報らせる手紙であった。江戸遊学の中断に迷いがなかったわけではないだろうが、弥太郎は直ちに帰郷した。江戸出立に際して奥宮慥斎先生から餞別として「二朱銀二切れ」が届けられていたが、それだけでは路銀に乏しいために、仕送りの衣類を風呂敷に包んで持ち、これを必要に応じて売り払って旅費にあてたという（『伝記』上、一四八頁）。父の病状もわからないために心急いでいた弥太郎は、持ち前の健脚をいかして、通常なら二月かかる旅程を二週間で土佐まで駆け抜けた。到着したのは暮れも押し迫った大晦日のことで、美和が意外に早い帰郷に喜んだのは言うまでもない。この時のことを美和は、「十二月大晦日の夜四つ時頃、思ひも掛けず弥太郎江戸より帰り、誠に其時は天を拝し、地を拝して悦の中に其歳を越し」と書き残している（美福院、一〇七頁）。

入　獄

年が明けると弥太郎は長男として正式に郡の奉行所に訴状を出した。地下浪人の身分で庄屋を相手取った訴訟は異例の、藩の規律に反するものであった。

訴えを受けた奉行所では、岩崎が訴訟を起こすこと自体が身分をわきまえない不届きなこととして一方的な判断が下され敗訴となった。傷が癒えず体調のすぐれない弥次郎の証言があいまいであったことなどもあるが、庄屋の主張に岩崎鐵吾、寅之助などが同調して弥次郎を非難したことが決定的だったという。

母美和は、岩崎の分家や隣家の者、役人がすべて島田便右衛門に荷担して、弥次郎の申立をまったく認めなかった「依怙贔屓《えこひいき》の詮議」であったと憤懣やるかたない思いを書き残している。

同じ思いの弥太郎は、この門前払い同前の処置に腹を立て、奉行所の壁に、役人は賄賂をもらって訴訟の判決を左右しているらしいという意味の落書き「官以賄賂成　獄因愛憎決」を書いて帰った。

役所は、一度目は見逃したが、このような行為が二度に及んだため弥太郎は捕らえられることになった。

獄中の弥太郎

投獄された弥太郎は焦燥の日々を送った。こんなはずではなかったというところだろうが、役人批判の落書きなど前後の見境を失った若気の至りとしか言いようがない。獄中の弥太郎から、家族や知人に宛て、つてを頼って真相の究明と釈放を働きかけるように頼んだ手紙がいくつも残っている。その中で両親に送った漢詩が『伝記』に紹介されている。

一

一身の存亡何ぞ説くを用ひん
白髪堂に在り涙自ら潸たり。
恍惚枉《みだ》りに成す半宵の夢
枕上より慈顔を拝さんと要す。

二

何事ぞ丈夫涙縦横
断腸す慈母閭に倚るの情。
一身の不孝誰に向つてか訟《うった》へん
附與す吟蛩終夜の鳴。

（『伝記』上、一八三頁）

また別の手紙では、「今迄の心は先づ人そばへ（人に甘えてゐた）の様に有之候へ共、此度こそ屹度思慮致し、重ねて此様な御心配を掛け申す間敷奉存候」と、甘えがあったことを認めた反省の弁を書いたりしていた（『伝記』上、一八九～一九〇頁）。

出獄と追放

弥太郎の要望に応えて奉行所に働きかけた親戚の者たちなどの力がようやく功を奏し、翌年一月に弥太郎は牢を出ることができた。七カ月間も獄につながれていたことになる。役所側もいろいろ調べたのであろうか、四月には喧嘩両成敗ということで決着した。つまり、最終的には庄屋島田便右衛門は庄屋職を罷免された。分家も村の役職を罷免されたうえで居村から追放された。同じように弥太郎も、釈放後、父の家に一時預かりとなっていたが、居村から追放されるとともに高知城下四ヶ村の出入りを禁じられ、一時高知西南の鴨部《かもめ》村に移り、さらに神田《こうだ》村に流寓することになった。

結果的には両方が追放されたのだから、弥太郎側が勝訴したわけではない。不条理な思いも残るが、どうにもならない。岩崎の家は、訴訟のためにかなり費用がかかり、田畑をさらに失って経済的な基盤を弱めたという。役所に働きかけるために金が必要だっただろう。そうした苦労があっての釈放だった。

「官以賄賂成」を逆手にとったようでもあり、何のことはない、結局は同列に成り下がった感もある。

親を思うあまりの行動であったとしても、独断的な自己主張と状況判断を誤って慎重さを欠いた行動が、岩崎の家を一層の困窮に陥れた。親想いで、正義感が強いのは父譲りということもできようが、後年、海運事業で大成する弥太郎の姿をこのような行動から想像することは難しいかもしれない。『伝記』では、獄につながれてからの反省ぶりや状況を打開するためにとった行動を「柔軟さ」と称賛しているが、これはほめすぎのようである（『伝記』上、一九四頁）。

ちなみに神田村は高知に近いとはいえ、他方で、実家のある井ノ口村は高知から東に四〇キロ近く行った現在の安芸市から安芸川沿いに上流にのぼったところにあった。弥太郎は、実家からかなり遠方で高知から監視の効く範囲に蟄居させられたことになる。この神田村で、弥太郎は二人の若者に漢学を教えた。弥太郎に師事した二人のうち、一人は池内蔵太《いけくらた》、もう一人は近藤長治郎で、ともに多少の曲折を経た後、坂本龍馬の海援隊に参加している。いずれも維新の日を見ることなく若くして他界した。

3 郷士岩崎弥太郎

安政の大獄と土佐藩

岩崎弥太郎が村の中での争いごとに巻き込まれているうちに、幕末の緊張した内外情勢は一層の激動に巻き込まれていた。すでにふれたように、弥太郎が江戸に出たのは、ペリーが浦賀に来航した翌年の安政元年であった。その後日米の交渉が進んで弥太郎が牢を出た翌年の安政五年（一八五八）には安政条約が結ばれて外国との通商が始まることになった。幕府は井伊直弼大老のもとに開国政策を進めていたが、これに反対して尊王攘夷を主張する各藩の志士たちの動きも活発で、「安政の大獄」と呼ばれる政治的な弾圧が進展した。

そのため土佐藩でも、開明派の藩主山内豊信（容堂）が隠居謹慎を命じられ、尊王攘夷派の重役が免職となった。これに替わって藩の仕置家老の職に就いたのが吉田元吉（東洋）であった。かつて、容堂に見出されて藩政の改革に着手し、あるいは外交意見書を起草するなどして実権をふるっていた吉田東洋は、藩主の開いた宴席での不始末から国元に蟄居を命じられたため、数年前から「少林塾」を開いて子弟の教育にあたっていた。

吉田東洋の門下生

この少林塾には、東洋の甥に当たる後藤象二郎をはじめとして、福岡藤次（孝《たか》悌《ちか》）など、幕末の土佐藩を代表し、維新政府でも要職に就いた者が集まっていた。こうした門下の俊英を率いて、東洋が再び藩政のトップに返り咲いた。公武合体論を説く一方で開国交易の有用性に着眼する東洋は、人材を登用して改革を進めることになる。彼は、かつて嘉永二年（一八四九）に容堂に「建言」した際には、「資格を破って人を用ふるに非ざれば、何に由って人才を舞鼓せん」（田中、三四頁）と書いていたほど、改革の担い手として、門閥にかかわらず抜擢人事を断行することに躊躇がなかった。そして、この果断な改革路線が、土佐の片隅で不遇から将来の展望を見失いかけていた弥太郎に出世の機会を与えることになった。

弥太郎は八カ月の「追放処分」が解けて実家に戻ると、小作米の収納などの家事を片づけた。滞っていた小作料については代銀を受け取ることで清算し、あいまいになっていた小作人の耕作地の割当などを明確化した。これで家計の基盤はかなり固まった。その後、弥太郎は高知に出て親戚の家に寄寓し、安政五年には吉田東洋の門下生となった。東洋はすでに藩の中枢に復権していたが、この出会いは弥太郎の運命を切り拓くきっかけとなった。どのようにして吉田東洋のような要職者につながりえたかは、明らかではない。東洋が門下の塾生に出した課題「貿易論」について、すでに門下生であった後藤象二郎の答案を弥太郎が代作したとか、長浜村長楽院の住職で天台宗の僧侶としても詩人としても著名であった月暁に紹介を頼んだとも言われる。

もっとも、この時期の岩崎弥太郎は、吉田東洋の門下生としてようやく藩の政治、あるいは藩の事業にかかわりをもつ手がかりを得たにすぎない。後半生の実業家としての弥太郎の基盤が作られるきっかけとはいっても、それは藩の最下層の官吏としてのそれであったし、進路が決まっていたわけではなく、世に出るきっかけを摑んだところだった。

藩政改革と藩内対立

吉田東洋は、藩財政の立て直しのために殖産興業政策を推進し、交易を奨励した。そのために門下生を登用して自らの手足のように使っていた。登用された若者たちは、その仕事を通して東洋の教えを体得したと言われる（『伝記』上、二〇五頁）。

しかし、そうした吉田東洋の積極政策は、土佐の下級武士の中で盛り上がりつつあった尊王攘夷運動の流れとは鋭い対立を含んでいた。もともと、才能があり、学力もあるが、性格は驕慢であり、「ひとり智を用ひて人の言を容れず、事を断ずるに苛酷多し」と評されたほど、切れ者であるが、それだけに敵が多かった（『伝記』上、二一〇頁）。

そうした背景もあり、彼の再登場によって地位を奪われた守旧派の上級藩士たちにも反吉田の気運が強まっていくことになった。尊王攘夷派の中心人物は、武市瑞山《たけちずいざん》（半平太）であり、彼は、長州の久坂玄瑞《くさかげんずい》、薩摩の樺山三円《かばやまさんえん》などと討幕の方向に藩論を転換しようと東洋を説得しようとした（入交、五六～五七頁）。しかし、東洋は土佐藩の再建を第一に優先すべき課題として譲らなかったことから、両者の対立が深まった。結果的には東洋は復権から三年後の文久元年（一八六一）に武市の一派に暗殺された。

長崎出張を命じられる

安政六年（一八五九）六月に岩崎弥太郎は藩の郷廻役《がふまはりやく》に就き、八月に下許《しももと》武兵衛とともに長崎出張を命じられた。二六歳の時に初めて藩の職に就いたことになる。この長崎出張は、吉田東洋の命によるものだと言われている。吉田東洋は弥太郎に対して、土佐の物産が長崎で輸出できるかどうかについて可能性を探ること、また清国や欧米諸国の情報を収集することを命じたと言われている。同行した下許は、これより先、函館に貿易調査のために派遣された経験があった。

この抜擢に弥太郎はよほど喜んだらしい。日頃の鬱憤もあったのだろうが、有り金をはたいて傘一五本、木履一五足を一度に買ってきたという。苦しい家計のせいで、弥太郎の家には美和の回想によると、七人家族で手拭い二本、木履二、三足、蓑笠はあったが傘は一本もないという状態であった。だから、弥太郎のこの買い物は、ばかげた散財だったが、「余りのことで、皆あきれて、何も言わずにただ辛抱していた」という（『伝記』上、二一六～二一七頁）。

一〇月に高知を出た下許と弥太郎のふたりは、途中、松山・岩国・萩・佐賀などを経由し、各地の識者と面会して意見を交換したりしながら、長崎に向かった。

放蕩な出張視察

長崎での岩崎は、蘭法医の松本良順など長崎にいあわせた人びとも含めて多くの知名人に会い、また、シーボルトなどの外国人とも面会した。清国人との面会では開国後の清国事情を聞き出そうとしたようだが、要領を得なかった。また、イギリス人商人の経営するメージャー商会を訪問し、そのつてで英国軍艦の見学もしている。こうして大砲製造とか、火薬につながる硝薬の製法を調べるなど、付託された仕事も多少は果たしている。しかし、その一方で、預かってきた金の大半は遊廓で使ってしまうような、かなり放蕩な長崎視察であった。情報を得るためには宴会での接待も必要な経費だというのが弥太郎の言い分だった。しかし、彼自身が一番楽しんでいたようであった。

長崎時代の弥太郎の詩に次のような意味のものがあるという。

ひとりふらりと旅に出た。
仕官の道のきびしさは、もとより承知の上のこと。
ひまにまかせて書物の虫ともなじみつつ、
人生五十のなかばすでに、俗塵にまみれて過ごす。
酒汲みかわすつきあいも、はや感激をうしなえば、
たがいに別れてどこに行くやら……。

花月楼の春は、さながら海ののたりのたり、
明け方のうつらうつらに鶯の声。
（嶋岡、三二頁）

成果が上がらないこともあり、任務に対して正面から向き合えなかった岩崎は、金がなくなったことなどを理由に、藩庁に解任を願い出て、その許可を得ぬまま、およそ五カ月ほどの長崎滞在ののち、独断で帰国してしまった。そのため、せっかくの藩の職を免職処分により失うことになった。何のために長崎に行ったのかよくわからない結果であった。弥太郎はこのときの経験について、長崎は自分のような漢学を学んだ人間が来るところではない、医学生か蘭学生が来るところだと書き残している。

解任願の理由

吉田東洋に宛てた辞職願では、長崎の地では人びとは貿易を生業としており、出入りするものは「皆商売の徒」で金銭以外に関心もなく、天下国家を論ずる相手ではないと述べている。また、外国人の言葉については、「西洋諸夷に至りては、蟹行《かいこう》（横に歩く、横文字）してその意を通ずる能はず、鴃舌《げきぜつ》して（鳥が囀るように）その語を解せず」と、要するに横文字はまったくわからないと書いている（『伝記』上、二四七頁）。

こうしたことからみると、せっかく西洋事情、西洋の新知識に一番近いところへでかける機会を得て、それらを学ぶ絶好機を全く生かせず、弥太郎はすごすご郷里に帰ってきたというのが実態のようであった。「皆商売の徒」という言葉など、長崎での最初の経験を書き留める弥太郎の文字の端々には、商人的な働きを軽んじる意味合いがのぞき出てくる。その意味では、後に海運業を興し、外国

維新前の弥太郎夫妻

（出所）　三菱史料館所蔵資料。

貿易を盛んにし、日本の近代化を担う経済人岩崎弥太郎の面影と、この時の弥太郎の身の処し方には相当ずれがある。まだ「青二才の漢学生」を抜け出していない、そんな弥太郎であった。

このとき岩崎はすでに二十代半ばを超えている。同世代の勤王の志士たちは、すでに国事に奔走し日本の未来を語ろうとしていた。ところが、長崎行きの時の弥太郎は、こうした問題の重要性に気がついていなかったように見える。漠然と「天下国家」を論ずる気概と志は持っていたとはいっても、そのために何を学び、何をなすべきかの分別をもつべき人間としてはいかにも未熟であった。そのために、気ままな行動が問題になって一時閑職を余儀なくされることになった。

郷士家格の回復と結婚

文久元年（一八六一）に入って、ようやく郷士の家格を回復する一方で、弥太郎は出世の道を再び探っていくことになる。その翌年二月に二九歳で弥太郎は結婚した。花嫁は郷士高芝玄馬の次女喜勢、一七歳であった。

弥太郎は、吉田東洋が着手した格式改革に沿って、より上位の藩職につけるように郷士格をとりもどすなどの準備をしていた。その限りでは、復職を考えていたとみられるが、郷士家格の回復を果たした翌文久二年四月に、吉田東洋が勤王党武市一派に刺殺されてしまい、頼みの綱が切れてしまった。

東洋暗殺の背景

吉田東洋が暗殺された背景には、条約勅許問題と安政の大獄に絡んだ土佐藩内の対立があったと言われている。すでにふれたように、尊王攘夷の勢いが土佐でも強まっており、その激発に東洋はあまりにも無警戒であった。

桜田門外の変で井伊大老が暗殺された後、討幕へと傾斜する尊王攘夷運動に対して幕政の流れは公武合体論が対抗して主導権を握ろうとせめぎ合っていた。また東洋が暗殺された半月後には、薩摩の島津久光の命によって京都伏見の寺田屋に集まっていた有馬新七らの急進派が斬られるなどの事件が起きていた。

土佐藩内では、勤王という点では、山内容堂と武市らの勤王党に共通の基盤があった。勤王党自体が、容堂の隠居処分に憤激した武市によって結成されたものだった。武市のもとには、坂本龍馬や中岡慎太郎などの郷士クラスの若者たちが集まっていた。しかし、公武合体を推進し幕政を改革しようとしている容堂とこれを支える東洋に対して、急進的な動きを強めた勤王党との対立が次第に強まっていった。東洋暗殺は、この対立のなかで勤王党が藩論を転換しようと企てたものであった。

この対立の構図のなかで、弥太郎は出身階層から見れば勤王党に属していた龍馬などと同じとはいえ、反対側の東洋派に属している。属しているといっても、未だその他大勢の東洋派というところだろう。

藩主の上洛と「復讐計画」

そんな対立の構図が背景にあったためか、東洋暗殺後の時期、弥太郎の行動に関しては、不可解な話が残されている。『伝記』によると、文久二年(一八六二)に突然の命令によって藩主山内豊範の上洛の隊列に加わることになった。ところが、上洛の行列に従って高知を出た弥太郎は、七月に規律違反で途中の大坂から帰国を命じられた。長崎から勝手に帰ってきたり、途中で帰国を命じられたり、弥太郎の行状は決してほめられたものではない。

この途中帰国には次のような話が伝えられている。すなわち、上洛の行列に加わっていた藩士のなかで弥太郎と井上佐市郎の二人は、吉田東洋を暗殺した刺客たちが京坂方面に逃げたらしいというので、これに復讐するために東洋派の同志から選ばれて送り出された。ところが、岩崎は復讐を断念して逃げて帰ってきた。一方、一緒に出かけた井上は、大坂で岡田以蔵らに返り討ちにされてしまった。そして、吉田東洋暗殺犯への報復のために上坂したにもかかわらず、その役を果たせないまま帰国した弥太郎は、しばらくの間、同志の侮蔑と白眼にあい、失意の時期を送ったというのである。

この逸話は、明治期に刊行された岩崎の伝記(南海、一一~一二頁)が伝えているものである。弥太郎が死んでから十数年しか経っていない時期に出た伝記であり、かなり信憑性があると思われてきたこともあって、その後たびたび引用されている。しかし、この話は『伝記』では、「事実ではない」と断定している(『伝記』上、二七九頁)。

「復讐計画」の真偽

『伝記』の作者は、参勤上洛の列に加わったときに岩崎自身が記録した日記（『日記』第二部「扈従目録」）を史料として検討し、それらには「復讐」のことは一切書かれていないし、復讐の意気燃えるような文言はまったくなかったから、この話は作り話であり、事実無根だと主張している。これが現在では定説になっていると言ってよいだろう。

井上佐市郎や広田章次などの東洋門下生が、暗殺の下手人捜しに奔走し執拗に追及していたことは事実のようであった。この点は佐々木高行や福岡孝悌などの残した史料にも、そのような動きを伝える話がまことしやかに語られていたことが記録されている（『伝記』上、二八〇頁）。藩の要職者が殺害されたのだから、捜査が行われるのは当然のことだろうが、こうした動きのなかで、武市派の人たちが猜疑心を強めたために発生した事件という面もあるかもしれない。井上と広田はともに殺害された。そして、その殺害が後に武市派に対する厳しい処分につながることになった。

しかし、いずれにしても、弥太郎は関係がない、と『伝記』の作者は主張している。

帰国処分の真相

では、なぜ大坂から帰ってきたのか、その理由が問題となる。それについては、兵庫の港に着いたとき、弥太郎は大坂までは自由に行動してよいという命令を受けたつもりになって、先に大坂へ行った。ところが、これは弥太郎の誤解でそんな命令は出ていなかったため、規律違反で大坂から帰国処分になったというのである。弥太郎は釈明に努めたが、まったく取り合ってもらえなかったという。これが『伝記』の説明となる。剣術にさほど腕が立ったとは思えない弥太郎が、報復の刺客として選ばれることなどありそうもない話だから、『伝記』の説明も否定できない。

しかし、『伝記』の記述にも相当あいまいな点が残っている。弥太郎が酔眼朦朧としているところに命令が伝えられたので、誤解したにすぎないと書いてあるものの、その根拠は弥太郎が言いわけを連ねた感のある日記にすぎない。さらに疑問があるのは、『東征記』などに記述がないという『伝記』の主張の根拠である。報復行為は御法度であろうから、その役回りを引き受けていたとしても、その証拠を残すようなことをするはずもないようにも思われる。

武市の温情か

『伝記』より先に書かれている入交の『岩崎弥太郎』は同じように『東征記』の記述を検討しながら、その中にしばしば井上佐市郎の名前が出てくることなどから、「この随行と仇討ちとが必ずしも無縁のものではなかった」と推定している。そして、入交は「一説によると弥太郎らの目的は、すでに武市派につつ抜けになっており、返り討ちは時期の問題となっていた。弥太郎に同情を寄せる目付丁野左右助等がこれを知り、故意に弥太郎の些細な落度をとりあげ、それにかこつけて帰国せしめ、弥太郎の身の安全を図った」という説明を紹介している（入交、六一～六二頁）。

この解釈には、弥太郎の母美和の兄である小野順吉と武市が「肝胆相照らす親友」であったから、武市は親友の甥を殺すのを避けたかったのではないかという推測も加えられている（『伝記』上、二九四頁）。

専門家の意見も割れて疑問は解けないのだが、これ以上追究する術はない。岩崎弥太郎の生涯を扱ったフィクション作品はこの問題に種々推測を重ねているが、それらにも決定打はなく、解釈の余地が大きい謎という以外にはないだろう。

さて、この一件の真相はともかく、当時、藩主の上洛の列に加わるのは相当な名誉であるにもかかわらず、大坂から帰国を命じられるなど、後に大きな仕事をなしとげることができるのか疑問符がつく行動を、再び弥太郎は繰り返したことは強調しておいてよいだろう。

帰郷と家計の再建

この事件があってしばらく、岩崎は表舞台に出ることができなくなり、新田の開発などに従事するため、高知を引き払って郷里に帰った。この間に長男久弥が生まれているが、そういう時期がおよそ三年近く続いた。この三年の間に、弥太郎は郷里井ノ口村において荒れ地の開墾に従事したほか、官有林の伐採の許可を得て薪炭の販売などにも乗り出している。家計の再建に力を尽くしていた。

この時期の弥太郎について、田中惣五郎は「長崎を見、大坂を見、本来商業道にも興味をもち、剣と黄金の比較を考えて居った岩崎が、この行詰りの際、商人として立ち直ろうとしたことは当然であろう」と評価し、木材の取引によって「商人彌太郎としての第一歩」が踏み出されたと書いている（田中、五〇～五一頁）。弥太郎が、吉田東洋の影響下にある人たちのなかで「経済派」であったこと、郷士身分の惨めさから「両刀への反感」を弥太郎が持っていたと、田中が推測していることなどは、ありえない話ではない。しかし、この時期に弥太郎が実業へと将来の進路を定めたとするのには言い過ぎであろう。その後の数年間に再び藩の官吏として出仕することなどを考えると、彼が武家社会での栄達に見切りを付けていたということはできない。もともと半農の士族身分であったから、家計の再建に努めることは彼らにとっては必要不可欠であり、こうした弥太郎の働きぶりも、彼の出身階層の郷士たちには特別のことではなかった。

岩崎家の経済的な基盤の立て直しに大きな意味をもつ三年間であったが、弥太郎はこうして表舞台から遠ざかった。この三年間のブランクは、維新の動乱の中で同世代の志士たちが政治史に名前を残すことになったのに対して、弥太郎からその機会を奪うことになったようであった。繰り返す、気ままな行動によって弥太郎は自らその志を遂げるチャンスを狭めてしまったということであろう。

第二章　遅れて来た青年

1　開成館長崎主任

郡方下役に登用

家族とともに働く日々は、慶応元年（一八六五）に一時とぎれることになる。この年、八月岩崎弥太郎は郡方（三郡奉行）の下役に登用されたからである。さらに翌年二月には、新設された開成館の貨殖局下役に出仕を求められた。しかし、この開成館勤めはわずか四〇日に過ぎず、事務的な役人務めは性分に合わなかったためか、弥太郎はまた簡単に辞職してしまった。つくづく腰の据わらない男であった。

山内容堂の復権

この間、土佐藩内では吉田東洋の死後に主導権を握っていた尊王攘夷派を排除する政権交代があって、勤王党の武市半平太らが山内容堂によって投獄され、慶応元年閏五月に武市は切腹を命じられた。それは、下関で長州藩が列国艦隊と交戦し、大和では天誅組

開成館址
（出所）　三菱史料館所蔵資料。

の乱が起こるなどの尊王攘夷運動が高まる一方で、これに対抗して八月一八日の政変（文久三年、一八六三年）から翌年の蛤御門の変、そして第一次長州征伐と連なる巻き返しのせめぎ合いを背景としている。そしてまた、幕末の政治的な激動のなかで、土佐藩が容堂を中心に公武合体論の推進役として政治的な存在感を高めていく時期の出来事でもあった。おそらくこういう状況の変化が、どちらかといえば吉田東洋に近いと思われていた岩崎の藩職への復帰の前提条件になったのであろう。

開成館の開設

弥太郎が四〇日しか勤められなかった開成館は、殖産興業政策を担うために土佐藩がつくった新しい組織であった。慶応元年（一八六五）の第一次長州征伐ではなんとか幕府の権威を保ったとはいえ、国内の対立が激化していた。翌慶応二年になると、ほかならぬ土佐藩出身の坂本龍馬と中岡慎太郎の斡旋で、それまで討幕か公武合体かという路線の違いにより対立していた薩長両藩が密約を結んで連合することになった。そのため同年の第二次長州征伐は、幕府の弱体化をさらけ出すだけに終わった。
この激しい動きの中で、土佐藩としても内戦の激発に対処するために軍備増強の必要を痛感していた。それが開成館設立の理由だった。土佐藩が富国強兵を目指すためには産業の振興、貿易を通じた軍備の強化が必要であった。それは吉田東洋の政策に重なるところが大きいものであり、東洋の甥で、弟子でもある後藤象二郎が総裁としてこの政策を推進し指揮をとった。後藤と弥太郎とは東洋の門下生として旧知の仲であったから、弥太郎の復職も後藤とのつながりによると考えてよいだろう。

「半商半学」の理念

開成館設立の基礎となる理念は「半商半学」といわれ、半分商売をやりながら半分は学ぶことを目的に運営され、人材を積極的に集めていた。

高知城下の東端鏡川の下流にあたる九反田に慶応二年（一八六六）二月初めに設置された開成館の中には、軍艦、貨殖、勧業、捕鯨、税課、鉱山、火薬、鋳造、原泉（貨幣鋳造）、医局、訳局（洋書翻訳）などがあった。かなり多面的だが、やや軍事に傾斜した経済活動を想定しながら、土佐藩の軍備、財政、産業、商業という諸機関すべてを、ここに結集させる意図のもとにつくられた藩の巨大な統制機関ということができる。「半商」の方に力が入っていたようにみえるのは、軍備の増強は、そのまま軍器の外国からの輸入を必要とし、そのためには資金を稼ぎ出す、富国政策が不可欠だったからである。そのためもあって開成館は、藩の物産の統制、藩札発行の権限も与えられていた。

後藤の長崎・上海出張

後藤は、開成館設立後の慶応二年（一八六六）七月にはみずから長崎に出張し、さらに上海に渡って、土佐藩が必要としていた軍艦の購入に当たった。後藤の上海滞在は一カ月に及んだというから、上海から垣間見える海外事情は、後藤の考え方に大きな影響を与えたであろう。このとき通訳として同行したのが幕末維新史に登場する異色の人物・ジョン万次郎（中浜万次郎）であった。そして、この時の後藤の長崎出張は、岩崎弥太郎にとっても重要な意味をもつことになった。翌慶応三年に岩崎が勤務することになる開成館長崎出張所が開設されたからである。

後藤は、この慶応三年一月に坂本龍馬と長崎で会談し、両者提携して「王事に尽くす」ことを約束した。それは大政奉還を唱えて幕末政治史の舞台に土佐の存在感を再び大きくするきっかけとなった。脱藩者であり、勤王党に属して吉田東洋、後藤象二郎とは対立する立場にあった坂本は、この時、みずから率いる商船隊を土佐藩に帰属させて、土佐の海軍力として活用することを約束した。

後藤との会談に先立って坂本のもとにいた浪士たちは、武市を処刑した張本人として後藤を「叩ッ斬れ」と息巻くほどであったという。これを抑えて会談を実現した坂本は、後藤を説得して土佐藩の方針の変更を迫り、その見返りに商船隊を差し出したのである（『伝記』上、三三四〜三三五頁）。尊王を称しても攘夷には賛同せず開国の必要を熟知していた坂本と、後藤の開国論とは一致するところが大きかったということであろう。こうしてつくられたのが海援隊であった。この海援隊の設立と前後して、土佐はこの海運力を活かすため、貿易の窓口として長崎に商会（土佐開成館長崎出張所）をつくることになったのである。

坂本龍馬と海援隊

海援隊や坂本龍馬についてはさまざまな評価がある。それについて論じるのは本書の目的を超えているから立ち入らない。坂本は弥太郎と同様の郷士身分の出身であったが、弥太郎よりは富裕な生活ぶりの家に生まれた。祖父の代には家業として質屋・酒造業を営み、屋号才谷屋は龍馬が変名として使った才谷梅太郎にもつながっている。本家の才谷屋は高知城下近くの随一の商家との評判もあり、分家である坂本家は、龍馬の祖父の代に郷士株を買ったという。歴史家・入交好脩は、彼の生家について、「二百石近い土地に寄生する商人地主」と推定している（入交、七〇頁）。坂本の方が家系から見れば商人的な才能を受け継いでいたということかもしれない。

この坂本が率いた海援隊による商船隊活動は、弥太郎の事業観に影響を残したといわれる。後に外務大臣になった海援隊士陸奥宗光《むつむねみつ》が起草した「海援隊商法」によると、「商法の根本は、組合を以って商社を設立すること、物資輸送には荷為替を設けること、商売は船長に委託し、これに運上金を課すこと」の三つだと記されている（『伝記』上、三三一〜三三二頁）。組合組織の商社を設立することなど、西洋式の商業思想が取り入れられた内容になっていたようであった。

坂本龍馬
（出所）国立国会図書館

ちなみに、岩崎弥太郎が後に海運業を主業として実業の世界に乗り出したときには、組合方式で会社を設立するのとは逆の方向を追求することになった。後述するように、政府は会社を組織することを求め、形式的にはこれを受け容れることになった弥太郎であったが、その実質は弥太郎に権限の集中した組織を作り、出資は専ら岩崎家からのものに限定されていた。つまり他人資本を入れないという点では、当初の三ツ川商会はともかく、海援隊の組合組織とは全く別の方向を最終的には選択することになったが、荷為替の制度を設け荷主に金融の便宜をはかるというアイディアなどは受け継がれている。

二度目の長崎出張

四〇日で退職した後、一年余り岩崎弥太郎は、おそらくは再び生家に戻って半農半商の稼業に戻った。取り立てた記録もないためであろう、『伝記』でも同様の推定をし、「一年間は啼かず飛ばずの日を送った」とのみ書いている（『伝記』上、三四六頁）。

慶応三年（一八六七）三月、その啼かず飛ばずの日々を送っていた弥太郎は、ちょうど長崎に出張を命ぜられていた土佐藩仕置役の福岡藤次から長崎出張に同道を求められた。美和によると「御仕置方より早速長崎へ御差立と申す事になり、三月十日出立致し」というもので、同行を求められた翌日には出発というほどの慌ただしさだった（美福院、一三五頁）。福岡も吉田派の一人であったが、このときの福岡の用件は、脱藩していた坂本龍馬と中岡慎太郎に脱藩赦免状を届けることだった。それはこの年一月に長崎で後藤と坂本が会談した際の合意を公式に藩が表明するものということができる。

その間の事情を十分に説明されていたのかどうかわからないが、この福岡の長崎行きに急遽随行することになった弥太郎は、とくに定まった目的や任務があったわけではなかったようである。この時の弥太郎の期待がどんなところにあったかを『伝記』は追究していない。長崎での仕事がどのようなものであれ、「食指が動いた」（入交、六九頁）かもしれないが、事前に承知していたという形跡はほとんど見いだせない。

長崎の商会下代であった池道之助という人物の日記には、弥太郎の到着（三月半ば）当初には「岩崎」とか「弥太郎」と呼び棄てに書かれており、六月にはいってから「岩崎様」「岩崎弥太郎殿」と改まっているという（『伝記』上、三五二頁）。少なくとも長崎の側には、新しく長崎に赴任してきた岩崎弥太郎という人物が務めることになる役割（商会主任）についての認識はなかったことが明らかであろう。

長崎出張所主任就任

ところが、弥太郎は、長崎を離れる予定になっていた後藤象二郎から五月下旬には長崎の後事を託され、長崎に残って、長崎出張所土佐商会の主任となった。弥太郎の『崎陽日歴』には、

五月二十六日、後藤参政より当地の事一切大小無く御委任仰付らる。尚委細は商会吏を会し、申聞け置くべしとなり。

六月七日　後藤参政より商会にて一統の役人を会し、当地の事は一切彌太郎へ委任するに付、何事も決を取るべし云々

と記されている（『伝記』上、三五二〜三五三頁）。

『伝記』によると、このとき土佐開成館は、兵庫や大坂にも新しい出張所をつくろうと考え、当初長崎に投入した人材をそちらへ回そうとしていた。そのためには長崎のあとを任せる人物が必要だっ

た。そこにちょうど都合の良い後任者が来たというので、弥太郎が抜擢されることになったというのである。前述の状況を加えて考えると、土佐を出るときから考えられていたわけではない、場当たり的な任用だった。しかし、この登用は見事に成功し、岩崎にとっても新しい道を拓くきっかけになった。

慶応三年（一八六七）六月のことであり、この年六月「船中八策」を起草した坂本龍馬は盟友中岡とともに、一一月に暗殺される。その前の一〇月に山内容堂は大政奉還を幕府に建白し、徳川慶喜は大政を奉還していた。維新はもう目前に迫っていたのである。明治維新をめぐる政治的な大きなうねりのなかで、弥太郎はまだようやく土佐藩の長崎主任として手腕を振るう場を与えられたに過ぎなかった。政治的な主張も明確ではない弥太郎は、討幕運動に強く関わっていった後藤などの土佐の上士たちとは距離があった。維新の政治過程への関わりという点でみると、明らかに遅れてきた青年でしかなかった。

2　弥太郎の多忙な日々

商会主任の地位

土佐商会主任となったころから、後に実業界に雄飛することになる岩崎弥太郎の姿がようやく浮かび上がってくる。長崎滞在の二年間に岩崎は、長崎に来ていた外国商人たちを相手に輸出入貿易に従事し、同時に坂本が主催する海援隊の商業活動や、船舶の運航管理の事務なども経験した。商会主任として、紀州藩との賠償交渉の後始末とか、あるいは英国公使との外交交渉などにも引きずり出されるという多忙な日々を送った。もちろん以前の長崎行と同じように遊郭通いにも精勤したようだが、以前に比べれば、はるかにまともに仕事を始めたということができる。

幕末の長崎は、武器輸入を中心とした貿易のため、各藩が商会所などを設置してそれぞれ独自に活動し賑わっていた。土佐よりも早い時期に福井藩から光岡八郎（のちの由利公正）が派遣されていたし、肥前藩では大隈八太郎（重信）が商会設立に奔走した。こうして諸藩が長崎奉行所の管轄下で貿易業務についていた。弥太郎も土佐を代表してこうした動きの渦中の人となった。

土佐商会は、後藤の放漫な経営方針のために、弥太郎が主任を引き受けたときには英国商人オールトから一八万両の借金をして資金繰りをつける状態だったという。後藤象二郎は一年の長崎滞在で多額の接待饗応費を使ったといわれるから、必要経費とはいえかなり財布の紐の緩い人物だったらしい。それだけでなく、十分な資金の準備もないままに、武器購入を急いだという事情が加わっていたから資金繰りは厳しかった。

外国商館との武器取引

慶応二年（一八六六）八月から翌三年六～七月までの、従って弥太郎が主任を引き受けた以前の時期も含んでいるが、その間の商会の支出額は、

軍艦汽船大小七艘購入費　　三一万七九〇〇両余

銃器弾薬購入費	四万三二二三両余
段匹購入費	五万五九九八両余
図書医料器具購入費	二三一四両余
以上小計	一一万五〇三五両余
商館造営費及諸雑費	四〇七五両余
全吏員俸給及手当	二四五八両余
贈与及宴会費	三三五三両余
結城・大庭二人洋行費	一九三〇両余
以上小計	一万三一一六両余

であった（田中、六六頁）。多額の武器購入に対してこれに見合う支払いの準備が十分にはないまま土佐藩は外国商人からの借入を増やしていたのである。

汽船購入代金一五万五千両の取り立てにあって、プロシャ領事館と長崎奉行所が介入して紛糾し、弥太郎が弁明に努めた記録が『伝記』（上、四〇一頁以下）に紹介されている。土佐の特産品である樟脳の輸出で代金を弁済するという弥太郎の回答は、実質的な裏付けに乏しく、金策に追われた実情をよく伝えている。この台所事情が、海援隊との軋轢を生む背景となったことは後に述べる。

グラバー邸
（出所）長崎市さるく観光課提供。

取引先外国商館

土佐商会の取引相手となった外国商館の中で最もよく知られているのは、グラバー商会であろう。現在でもその邸宅の一部が歴史的な文化財として長崎の港が見える公園に移築されて残っているが、グラバーは長崎居留地では当時最大の成功者と目された外国商館の主人で、諸藩への武器の売り込みに活躍していた。

上述の武器購入には弥太郎が主任となってからの取引も含まれている。つまり弥太郎の貿易業務の主たる取扱品目は、それまで通り武器の輸入であった。この年には第二次長州征伐があり、軍事的な緊張も高まっていたから、諸藩はもっぱら長崎の外国商館を窓口にして武器を購入し、自藩の軍事力整備に忙しくなっていた。売り手市場であり、外国商館はさまざまな注文を天秤にかけて値のつり上げを図っていた。手腕の問われるところであった。弥太郎は土佐藩の窓口として活躍することになったが、それだけではなく、坂本の斡旋で実現した薩長同盟を背景とした両藩への武器供与も関わっていたようである。その取引相手は、表1のように慶応三年（一八六七）一二月までグラバー商

表1　弥太郎の長崎での取引

年　月	商　品	取引先	代　金
慶応３年４月	大砲10，小銃1500，など	蘭商シキユート	洋銀27,000枚
不詳	火薬	普商クニフレル	6,000両
慶応３年６月	帆船シーボルト（横笛）	白商アデリアン	13,000両
同	砲艦南海（若紫）	英商グラバー	洋銀75,000枚
同	帆船大阪（乙女）	英商オールト	17,000ドル
７月	帆船大極丸	薩摩藩経由	12,000両
11月	小銃580挺	英商グラバー	
12月	小銃200挺	蘭商ボーレンス	2,300両

（出所）『伝記』上，387-8頁より。

会、英国のオールト商会、ボーレンス商会等々であり、必要なものを売ってくれるところからは、どこからでも買おうという取引状態であった。土佐商会では、表1に記した弥太郎が関わった取引のほかに、坂本龍馬が購入したライフル一三〇〇挺、長崎御用達西川易三の購入した小銃三〇〇挺などもあった。

後日談だが、最大の取引相手だったグラバー商会は、明治三年（一八七二）には破産した。この商会は幕末期の武器の売り込みに賭けていた面が強く、国内での戦乱（戊辰戦争）が終わると、諸藩の武器購入が途絶えて、業績が次第に悪化し、潰れてしまったのである。岩崎家は、その後もグラバーとは良好な関係が続き、明治一四年（一八八二）に三菱が高島炭坑の経営を引き受けるようになってからは、高島炭坑の実質的な経営者であったこともある商会主人グラバーは三菱に籍を置いて、三菱の渉外関係の相談役となった。三菱は昔の恩を返したことになる。グラバーは、明治二〇年

（一八八七）頃には鹿鳴館の名誉セクレタリーに推薦されるなど、破産後もそれなりの社会的地位を保ち、明治四四年（一九一一）に七三歳で死去した。

同じくこの時期に取引相手になったアメリカのウォルシュ商会は、後に神戸三宮に日本で最初の洋紙製造工場を建設したことでも知られている。この工場は明治三〇年（一八九七）に三菱が全面的な譲渡を受けて経営することになり、現在の三菱製紙に発展することになった。

弥太郎が長崎に来る以前から、佐賀・肥前藩の大隈八太郎が商会の設立に奔走していたことはすでにふれたが、大隈はグラバーと協力して高島炭坑の経営を洋式化するなどの方策を講じていた。その大隈とも弥太郎は長崎で知遇を得た。

こうして長崎時代に岩崎弥太郎は、後の三菱財閥にとってその経営多角化の契機になるような、いくつかの事業上の手掛りや経験、事業上の人の絆を得たことになる。

紀州藩との賠償交渉

貿易業務のほかに、紀州藩との紛争処理などをはじめとする渉外業務があった。海援隊は伊予大洲藩の依頼でオランダ商人から購入した一六〇トン、四五馬力の蒸気内車船「いろは丸」を一航海あたり五〇〇両で借り受けて運航していた。その船が慶応三年（一八六七）四月二三日、土佐藩の銃砲弾薬を輸送する途中、紀州藩の船「明光丸」（蒸気外車船、八八七トン）に衝突されて沈没してしまった。五倍もの大きさの船に二度にわたって衝突され、ひとたまりもなかった。

坂本龍馬は明光丸甲板に見張り士官がいなかったことなどを理由に事故の責任が紀州藩側にあると主張した。非は紀州の側にあるという坂本と紀州藩勘定奉行との交渉が五月から長崎で行われることになった。坂本が衝突直後に紀州船に乗り移って航海日誌を証拠として手に入れていたことが、土佐には有利な条件となった。証拠を示し、万国航海法を基準に紀州藩船の過失を追及する海援隊に対して、御三家の威光をかざして長崎奉行に圧力をかけようとした紀州藩の主張は平行線を辿り、交渉は難航した。

この交渉の調停役となったのが薩摩藩の五代友厚（後に関西財界で有名になった人物で、明治一四年政変では岩崎と対立する）であった。五代の斡旋により、難航した交渉は八万三五〇〇両でいったん妥協が成立した。しかし、その後、交渉役の勘定奉行が持ち帰った案を紀州藩では認めず、再交渉を試みることになって、さらに一悶着が生じた。こうした曲折はあったが、最終的には海援隊側が七万両に減額することに同意して決着がつくことになった。

紀州藩の『南紀徳川史』には、相手側が航海法に違反していたにもかかわらず、血気盛んな一〇〇名余りの脱藩浪士が海援隊と称して攘夷を唱えて過激な行動に出ていたため、交渉役が「独断」で交渉し不利な斡旋案を受け入れたこと、この合意について紀州藩では強い批判があって再交渉したが、時機を失して七万両の支払に同意せざるをえなかったこと、などが書かれているという（『伝記』上、四四六頁）。

この坂本の面目躍如とされる紀州藩との交渉について、最近の研究によると、衝突回避の行動に関しては両船ともに過失があり、坂本の主張のように万国航海法に照らして、紀州藩だけに非があるということではないという。しかも、多額の賠償請求の根拠とされる積み荷の銃器も、平成元年（一九八九）に「鞆を愛する会」の潜水調査が行われたが、それによると「いろは丸」とみられる沈没船から発見された積み荷には含まれていなかった。「交渉を有利にするための龍馬による『はったり』の可能性もある」ということが明らかになっている（坂元茂樹「坂本龍馬と万国公法」）。

賠償金の行方

ところで、この賠償金については、明治三一年（一八九八）に出版された南海漁人の『岩崎彌太郎』では、賠償金を受け取った岩崎弥太郎は、維新のどさくさにまぎれて、このお金を藩に納めずに、自分の事業の開業資金にしたと書いている。

しかし、この推測は根拠が示されていない。田中惣五郎は、この点について長崎土佐商会の池道之助の日記に基づいて、紀州家からの支払いを受けた七万両のうちから、いろは丸の持ち主に四万二五〇〇両を返還するなど適正に処理したとしている。これに対して『伝記』では、四万両余りの処理については記録が確認できるものの、残り三万両については紀州藩から支払われなかったのではないかと推測したうえで、賠償金を維新のどさくさまぎれに懐に入れたというのは「根も葉もない曲説」であるとしている。

この海援隊と紀州藩との交渉を弥太郎は脇からながめていたようである。交渉に直接関わったという記録に乏しいが、賠償金の受取と大洲藩への支払いなどの処理にあたったことが日記に記されている。「後藤公ノ宅ニ行キ、坂本龍馬ヲ呼ビ遣ハシ、三人密ニ談話」などの記述が弥太郎の日記『崎陽日歴』には残っている（『伝記』上、四四一頁）。後藤の指示のもとで、坂本からも意見を聴きながら、五代との事後処理の打合せを行うなどのことがらは弥太郎の仕事であった。

パークス
日本近代史研究会編，129頁。

イカラス号
水兵殺害事件

もう一つ大きな事件は、慶応三年（一八六七）七月、長崎丸山の花街で、英国軍艦イカラス号の水兵二人が泥酔して道路に寝ていたところを何者かに殺害された事件であった。類似の事件が頻発して外国側は神経をとがらせている時期でもあった。この事件に対して、たまたま長崎に来ていた英国公使パークスは事件を聞いて激怒し、強硬に調査を要求した。パークス自身も独自の情報収集をしたが、どうも土佐藩士ないしは海援隊士が怪しいということであった。そのため岩崎弥太郎が土佐藩の代表者としてパークスと渡り合うことになった。

土佐が疑われた理由はそれほど明確なものはなかったが、事件の直後に海援隊の帆船「横笛」、土佐藩の砲艦「若紫」が相次いで長崎港を出港していたためにこれが犯人の逃走を助けるための行動と疑われたこと、犯人が持っていた提灯の紋が土佐藩、山内家の家紋に似ていたことなどであった。

弥太郎・
パークス交渉

弥太郎の『崎陽日歴』には七月一九日のパークスとの交渉が記録されている。パークスに対する弥太郎の応答は、「けっしてわが土佐にはそのような疑わしいものはいない。しかし、なおまたせいぜい調べてみるが真犯人が土佐藩士である可能性は薄い。もし犯人が見つかるようであれば、早々土佐の国法に従って処断する」というものであった。そして、次のような問答が続く。

「長崎奉行所にて疑惑のある人物の調べをすることはできないか」

「それはできない。土佐の藩士の疑惑解明に長崎奉行の手を借りたとあっては藩主の面目が立たない。疑わしい点があれば必ず土佐藩にて調べ、処断する」

「それでは、万一、土佐人が犯人だったとして、それが藩外に逃亡したらどうするのか」

「その場合は、草の根を分けても探しだす」

「捕らえた場合はどうなるのか」

「土佐藩内であろうと、長崎であろうと、即刻斬首とする」

「長崎奉行が捕らえた場合にはどうするのか」

「その場合は、土佐藩がもらいうけて同様に処置する」


（『伝記』上、四五四〜四五五頁）

以上のように、弥太郎は土佐藩士は誰一人としてこの事件に関与していないこと、それでもなお調査の上、万一にも疑わしい者が出た場合には土佐藩の国法に従って処断することをパークスに説明した。パークスは長崎で長崎奉行の管轄下で事件を処理することを主張したが、弥太郎は同意せず、会見は物別れに終わった。土佐の代表者としては当然の対応であった。それでも、生麦事件の前例もあり、土佐藩が一歩間違えば極めて危険な状況に追い込まれていたことは事実であった。

厳しい土佐藩の立場

安政条約で領事裁判権が定められ治外法権が一方的に約束されていたとはいっても、それは外国人の犯罪にかかわることであり、幕藩体制下では司法権は各藩がもっていたから、土佐藩の対応は正当であったし、幕府といえども簡単には手を出せなかった。それでも、土佐藩が成り行きによっては極めて厳しい状況に立たされる可能性はあった。

しかも、翌々日、事態はさらに土佐藩にとって悪い方向へと展開することになる。長崎奉行は問題の帆船「横笛」の出航を停止し、海援隊士に禁足令を出して事件の処理にあたろうとしていた。この命令は、弥太郎を通して海援隊に伝えられ、「横笛」が薩摩藩の荷物を引き受けて出航予定であったのを延期し、その出航延期措置について薩摩藩五代の了解も得た。ところが、二一日の夜に「横笛」は許可なく勝手に長崎港を出てしまったのである。そのため、無罪を主張する土佐藩の立場が悪くなっただけでなく、弥太郎や海援隊士は長崎奉行の命令に背いた責任を問われることになった。

この間、パークスは長崎では埒があかないため、大坂に出て幕府老中に厳重に抗議した。幕府は、真相の解明は棚上げにしても、土佐藩に「犯人」を差し出させて穏便に済ませようと、弱腰の姿勢だったと伝えられている。パークスはさらに、京都薩摩藩邸にいた土佐の大目付佐々木高行を相手に談判したが、佐々木は弥太郎同様に証拠がないことを理由に拒否した。一方、幕府は外国奉行を土佐に派遣して事件の処理にあたらせようとしたが、これを追いかけてパークスは軍艦で土佐に向かい後藤と直接交渉した。しかし、土佐藩の対応は変わらなかった。こうした経緯で、この事件の処理は改めて長崎奉行のもとでの審理に委ねることになって、舞台は長崎に戻ることになった（田中、九〇～九一頁）。

長崎での審理と長崎奉行の報復

長崎での審理には、海援隊の坂本龍馬、土佐藩の佐々木高行も参加したが、弥太郎はこの事件だけでなく、あわせて帆船「横笛」の無届出帆を阻止できなかった監督責任を問われることになった。殺人事件についてパークス側では土佐藩士が犯人であるとの証拠はついに見つけることができなかった。パークスの通訳官だったアーネスト・サトウの残した記録によると、「南海丸が殺害事件に関係した証拠は何一つあがらなかった。……結局水平殺害事件の罪を土佐藩に認めさせることに完全に失敗した」と書かれている（『伝記』上、四六七頁）。

そのため、長崎奉行は、事件当日出帆した二隻の船の乗員には殺害に関与した人間はいないとの判断を下す以外にはなかった。こうして水兵殺害事件の犯人捜しはうやむやのまま迷宮入りとなった。

もっとも、おさまらないのは長崎奉行だった。出航停止命令を無視され、面子を潰されたということもあって、土佐商会の弥太郎や海援隊士を呼出し謝罪を求めた。「横笛」の乗組士官であった海援隊の二人は徹底的に抗弁したため、もてあました奉行所は結局「お構いなし」の処置となったが、弥太郎は商会の責任者として「申しわけない」と簡単に謝ってしまった。弥太郎としては、取るべき措置をとり、出航の延期を薩摩藩にも了解を取り付けていただけに、海援隊の行動に不満がなかったわけではないだろうが、商会の責任者として監督不行届の責任をとった形だった。殺害事件の未処理という理由もあって、奉行所はさらに弥太郎を含めた関係者の本藩への帰還を命じた。

憤る海援隊

しかし、この弥太郎の態度は、海援隊の怒りをかうことになった。弥太郎は、同僚に対して「僕は海援隊とは流儀が違う」と話していたとも言われるが（南海、三四頁）、他方で、坂本龍馬は岩崎の態度を評して、「戦うべきところを知らない、弱腰で困ったものだ」と佐々木高行宛の書簡に厳しい批判を残しているという。弥太郎と海援隊の間にはこうして感情的なしこりが残った。もっとも佐々木高行によれば、この対立の原因は、この時の弥太郎の態度への憤懣だけでなく、海援隊がその活動のための資金をしばしば土佐商会に無心に行くことに対して、弥太郎は無制限に金を出すこともできないためにこれを断っていたことなどが、伏線にあってのことだという（『伝記』上、四七〇頁）。海援隊は軍需品の輸送など緊迫する政治情勢に対応した動きを強め、商業的な利益は度外視するようになっていた。弥太郎は商会の責任者として資金繰りに気を遣い、土佐特産品による交易の利益も追求しなければならないなど、利害は対立していたのである。

水兵殺害事件の真相

ところで、水兵殺害事件の真相はというと、維新後、筑前藩士の金子才吉が真犯人だったことが判明した。金子は、パークスが乗り出しイギリスとの重大な外交問題に発展したので責任をとって自刃してしまった。このことが維新後、同僚の証言でようやく明らかになった。従って土佐藩はとんだ濡れ衣をきせられたわけである。パークスは、幕末維新期の外交史のなかでも、強引な手法の目立つ外交官の一人だが、さすがに、真相判明後に山内容堂に書簡を送り、土佐藩に嫌疑をかけたことについて遺憾の意を表明したと伝えられている。そういう経緯で、岩崎はいやが応でも外交の舞台にも引っ張り出され、長崎で土佐藩を代表する顔になっていった。

3　商会業務をめぐる藩内の対立

商会業務縮小論

岩崎弥太郎はそれなりに土佐商会の貿易業務などで実績を残した。しかし、こうした実績にもかかわらず、イギリス人水夫殺害事件をきっかけに土佐藩では、商館業務に批判的な保守派の意見が台頭して、開成館の事業を見直すべきだという空気が強まった。岩崎が盛んに武器を購入したり、あるいは海援隊がいろいろ仕事をして藩に多少の収入をもたらしてはいるが、同時に、その野放図な働きぶりが問題を起こして藩に迷惑をかけているというわけである。土佐藩内で商館の業務縮小が論じられるようになったことに加えて、監督不行届の責任を問われ、長崎奉行から岩崎弥太郎は土佐へ帰国を命じられていた。弥太郎は苦しい立場に立たされていた。長崎では弥太郎の実績を知っている周りの者が国許に対して留任運動を起こすなかで、弥太郎は後任が来ないのでそのまま長崎に居すわっていた。これが、慶応三年（一八六七）の秋の状況であった。

弥太郎、京都に出る

一〇月、弥太郎は土佐に戻るのではなく京都に出かけ、翌一一月に再び長崎に帰った。この時の上京の用件は、長崎の商会主任の後任が決まらないために弥太郎が京都にいた後藤象二郎のところに相談に出かけたということのようである。この京都行きの旅行中に、岩崎は福澤諭吉の『西洋事情』を読み、会社組織などについての知識を得たという。

この慶応三年一〇月の京都行は微妙なタイミングだった。岩崎は一〇月に長崎を出て、一〇月二五日から四日間京都にいて後藤と懇談している。水兵殺害事件の顛末、長崎の状況の報告、自らの進退の問題などを話したのであろう。その結果がどのようなものであったか、直ちに後藤から指示があったわけではないようである。二八日に京都を出て大坂、兵庫を抜けて、一一月二七日に長崎に戻った。

この間、一一月一六日に大坂にいたことは確実であるが、その前日の一一月一五日に京都では坂本龍馬が暗殺される。一〇月一五日に将軍徳川慶喜による大政奉還が聴き届けられ、龍馬の描いた新しい日本の姿が実現に向かいつつあった矢先だった。京都を中心に大政奉還後の主導権を争う密謀が蠢き、騒然とした状況が続いていた。こうした中で、弥太郎は京都を離れ、大坂滞在中に龍馬の暗殺を知らされたはずであるが、弥太郎の『日記』には一〇月二九日から一一月一八日まで記事がなく、坂本暗殺についての感懐は記されていない。

商会主任留任

一一月一九日、龍馬暗殺の四日後、土佐に一時帰藩していた後藤が大坂に戻ったため、そこで弥太郎は後藤と再び会った。後藤の帰藩の用件の中に長崎土佐商会に関する藩の方針の協議もあったのかもしれない。弥太郎は、佐々木三四郎高行が長崎から本藩に帰還するとともに弥太郎の商会主任留任という方針が決まったことを、後藤から聞くことになる。わずか四日の滞在で早々に京都を後にした弥太郎が二〇日近く、後藤が大坂に来るのを待っていたとすれば、京都での懇談の後、弥太郎は後藤が藩の方針を転換するのを期待して吉報を大坂で待っていたということであるかもしれない。一方の後藤はといえば、京都と土佐を慌ただしく往復しながら、時局の収拾に頭を痛め、弥太郎のことどころではなかったに違いない。だから二〇日もの間、弥太郎は待たされることになった。

後藤からの商会主任留任との知らせを受けて、弥太郎は小躍りするように長崎に戻って仕事を続けることになる。「万事自分の意のごとく運ぶ由、覚えず飛び上り、愉快に堪へず」と弥太郎は日記に書いている（『伝記』上、四九六頁）。

弥太郎の昇格

後藤は、藩の保守派の意見とは違って、開成館の商会活動を維持すべきだと考えていた。外国人の信用もある商会は金策などにも有用だからであった。そのためには岩崎が必要であった。そうした考えが背景にあって、弥太郎の留任が認められた。それだけではなかった。一一月二七日には長崎に帰った弥太郎は、翌二八日に新留守居組への昇格が伝えられた。吉田東洋の格式改革によって下士階級の登用を目的として制定された家格である新留守居組は、末席ではあったが上士であり、郷士身分にいた岩崎家にとっては破格の昇格であった。それは、後藤が岩崎の活動にさらに期待していたことの証左だと言われている。

同じ頃、土佐の参政真邊榮三郎から佐々木宛の書簡に、「岩崎彌太郎も紙面（辞職願）差出し候より御国許へ返され候御作配に相成候趣、残念千万に御座候。彼れ人物の儀は申さず共御承知の通りに候へども、大体異状（外国事情）も腹に入り居候者にて、替りの人物たやすく有間敷《あるまじき》かと奉存候」（（　）内の注記は原文のまま）と書かれていることが知られている。つまり、人物には問題があるとの定評があった反面、外国貿易にかかわる能力については、かなりの高い評価を得るようになっていたのである（田中、一〇五頁）。土佐商会業務の適任者という点では、弥太郎はすでに藩内では替わるものがいないと思われるほどになっていた。

維新の年の長崎

明けて慶応四年（一八六八）一月には、鳥羽伏見の戦いが始まり時代は急変する。鳥羽伏見の戦いで幕府軍が敗れると長崎奉行が長崎をいち早く脱出したため、そのあとは土佐藩の佐々木三四郎と薩摩藩の松方助左衛門（松方正義、後の大蔵卿）、肥前藩の大隈八太郎などが事態の収拾、長崎の治安維持、フランス領事などの代表者との外交交渉に重要な役割を果たしていた。佐々木は維新後には参議となり、工部卿に就任するなど、維新の功労者の一人であった。工部卿時代に弥太郎と再び重要な接触をもつことになるが（後述）、そんな後日談があることは知るよしもない。

佐々木高行と弥太郎

その佐々木と弥太郎はこの時期には意見が合わなくなり、たびたび衝突していたと言われている。

帰藩のはずだった佐々木は、緊迫した事態に対応して長崎にとどまり、土佐藩を代表して勤王派の諸藩を糾合して討幕の動きに積極的に連動していた。そうした立場にあったこともあって、佐々木は土佐藩の藩船を刻々と変化する軍事情勢に応じて必要となる輸送に優先的に振り向けようとしていた（『伝記』上、四八二頁）。これに対して弥太郎は貿易活動にも目を配っていた。一度目の長崎行きで、長崎は貿易の地であり、天下国家を論ずることはできない場所であり、金勘定第一の人物が多いから自分の居場所ではないと辞職を願い出た弥太郎は、その考え方において確実に変貌を遂げていた。

海援隊との対立と、相手は違っていても同じ構図だった。この視野の違いが両者の対立の根底にあった。そのため、土佐の海運力を討幕の軍事行動に貢献させようとする佐々木は、この国事多難なときに、土佐の大事な海運力が弥太郎の抵抗で十分には使えないことにいらだっていた。佐々木は、岩崎弥太郎らは「商売上の駆け引きを専一に心掛け、天下の国事にはわれ関せず候」と厳しく批判的な言葉を書き残している（『伝記』上、五三六頁）。

佐々木は、さらに鳥羽伏見の戦いの確報が入ると、弥太郎に土佐藩船「夕顔」を上方へと廻すように求めた。鳥羽伏見での戦闘はすでに終わっていたが、佐々木の判断では、内戦の拡大に備えて、長崎の海援隊士を上方に送るとともに、軍事輸送用に「夕顔」を利用しようとしていた。佐々木にとっては維新の行方こそが第一優先事項だった。弥太郎はこの佐々木の要請に難色を示した。

「商売第一」の真意

もっとも、「商売第一」と批判されても、弥太郎が商人道に目覚めたというわけではない。この時期、大坂の山崎直之進に宛てた弥太郎の手紙では、国許からこれまで何の物産の輸出による積み立てもなく、月賦払金が滞っているにもかかわらず、おおよそ一八万両余りに及ぶ必要資金にも何の手当てのあてもないため、今のところ商会は何とか持ちこたえてはいるが、その苦心は「筆紙に尽くし難く」と書き送っている。こういう状態であったから、「商売第一」というのは藩のかさむ借金を憂慮し、商会の資金繰りを考えればまったく無理からぬところであった（『伝記』上、五一〇頁）。藩のために少しでも稼ぐことができれば、商用を優先したかったのである。それが彼の藩から与えられた職務であった。

明治元年（一八六八）一月一三日、佐々木の強引な要求に怒った岩崎弥太郎は、長崎商会に辞表をたたきつけて、二月初め京都に出た。たたきつけられた佐々木は、自らの日記に、「夕顔船一刻も早く帰帆の精神なるに、岩崎は商法のみに注意して国家の大事を知らず、依って早速岩崎の願を許し、跡の義は引き受けたり」と書き残している（『伝記』上、五三九頁）。慰留するつもりはなかったということであろう。

辞表提出と後藤象二郎の慰留

他方で、「辞める」と決めたらすぐに行動に出る、これまで通りの弥太郎の姿がここでも再現する。「王政復古」が宣言され、討幕へと大きく時代の歯車が回り始めていた。だから、上京すればそれなりに役回りもあると考えたのかもしれない。しかし、この弥太郎の辞職は認められず、途中大坂で会った後藤になだめられて、再び長崎に戻り商会主任の仕事を続けることになった。ちょうど入れ換わりで佐々木が中央政府に転出して、弥太郎が戻って自由に手腕をふるえることのできる条件は整っていたからでもあった。

長崎の商会では公式には松井周助が岩崎の後任として着任することがすでに決まっており、二人で商会を経営することになる。それはともかくとして、気の変わるのが早いというか、切り換えが早いというか、ここぞこで衝突を起こしては職を辞し、また復帰するという行動様式は改まるところはなかった。こうして再び弥太郎は多忙な長崎土佐商会を切り回すことになる。内戦で戦費がかさんでいるために金策が必要であり、そのためには弥太郎の手腕に期待するところが大きかったということである。ただ、戻ったあとの仕事は、そんなに長くは続かなかった。翌明治二年（一八六九）正月には大坂出張所に転勤することになったからである。

4　大坂商会主任から九十九商会へ

明治維新の年、一八六八年の一年ほどの間、岩崎弥太郎はその生涯を決定するような岐路に立っていた。この当時、大坂開港などもあって、貿易の中心が長崎から兵庫など関西地区に移っていた。そのため土佐藩では、すでに開設していた大坂や兵庫の出張所に開成館の事業の中心を移そうとしていた。

長崎土佐商会の閉鎖

弥太郎が戻った二カ月後の四月初め、土佐藩の家老深尾鼎と参政真邊榮三郎は長崎に赴いて調査の上、龍馬暗殺によってリーダーを失っていた海援隊の解散、長崎土佐商会の閉鎖を決定した。もっとも商会閉鎖のためには、外国商館からの負債の整理などが必要であり、また、東北地方へと展開しつつあった戊辰戦争のための武器調達に長崎の役割は消滅してはいなかった。

武器の調達は同時に資金の調達を必要とした。そのため北海交易の開拓を試みたりして、貿易の利益による補てんを図ろうと弥太郎は企てている。しかし、この北海交易は二度目の航海の途中、函館港で榎本武揚率いる幕府軍による港湾封鎖にあうなど動乱に巻き込まれて思うに任せなかったようであった。それでも、後年、三菱の時代になって北海道航路を開設する伏線となった経験であったかもしれない。

こうした仕事に筆頭の主任である松井を助けて業務にあたっていた弥太郎の心中は穏やかではなかった。長崎の残務整理に時間をとられているうちに、新政府の体制が次々と決まっていた。つまり、大政奉還後、志士たちは、明治維新政府の太政官制に基づく新しいさまざまな官職を得て上京していた。ところが、弥太郎は長崎を離れられず、江戸にも、大坂にも出られなかったからである。そのため、弥太郎は、同輩たちのこうした動きを歯ぎしりして見ている状態であった。それでも後始末を投げ出さずに長崎商会の閉鎖、そして海援隊の解散という業務をこなし、ようやく明治二年（一八六九）正月に大坂に出ることになる。

「積日の宿望」

岩崎弥太郎はこの時期、後藤に宛てた手紙の中で、「いずれ遠からざるうちに、脱兎のごとく鳥かごを出て、わが地をなす工夫をこらしている」と書いている（『伝記』上、五五二頁）。また、明治二年（一八六九）に大坂に出てからでも、「速やかに積日の宿望相果たしたく」と、心に秘めた将来の構想があると繰り返し書き残している（『伝記』上、五八四頁）。

実際に、明治二年中には一度新都東京に出て後藤象二郎と談判しているようだが、後藤に「事をなさんとすれば、性急なれば必ず敗れる」と、もっともらしいことを言われて追い返された。『伝記』は、ある意味では飛躍への準備の期間ではあったが、新政府に栄達を求めていく同輩等を見ながら、その途が切り開けない弥太郎としては、失意の時代であっただろうと書いている（『伝記』上、五六五頁）。また、土佐の樟脳事業などに目をつけて自らの新天地を切り開こうとしたのではないかと推測しているが（『伝記』上、五八六頁）、これも確たる証拠はない。

多くの伝記類は、この時期の動きを後の三菱の事業に結びつけて語ろうとしているが、弥太郎が新政府での栄達をあきらめたことを示すような文言は記録の中には見いだせない。つまり、弥太郎は、「積日の宿望」が何であったかを具体的に書き残していない。それ故に、この時期の彼の迷いや希望がどこにあったかはまったくわからない。しかし、商会主任の仕事に満足していたわけではないことだけは確かであった。

大坂土佐商会の事業

そうしたなかで、岩崎弥太郎はその計画が実現しないままに大坂の商会業務に専念し、汽船の購入、金銭の貸付、外国貿易、あるいは土佐藩が発行した藩札の処分など、新しい時代に生じた商館業務に実績を残すことになる。

開成館大坂出張所（正式には土佐藩開成館貨殖局大坂出張所）は慶応三年（一八六七）一〇月に大坂開港（一二月）を見据えて開設されたものであった。ちなみに、「大坂」は明治維新の時に表記を「大阪」に改めた。「大坂」の「坂」が「土にかえる」と読めることから嫌われたためという。そのため本書ではこれ以後の記述では大阪と書くことにしたい。

明治二年一月に弥太郎が着任した当時、後藤は大阪府知事の職にあり、二月に前任の山崎直之進から業務を引き継いだ弥太郎の仕事も、万事が後藤の指揮の下にあったと『伝記』は伝えている。しかし、ほどなく、弥太郎の頼みの綱であった後藤は東京に移動したため、弥太郎の仕事も彼自身の裁量と高知の土佐藩庁、大阪の藩邸などによる采配のもとにあったということであろう。

『伝記』がまとめるところによると、大阪出張所時代の弥太郎の取引は、判明する限りで次のようなものであった。

明治二年（一八六九）六月　アメリカ商ウォルシュ商会より樟脳二〇〇万斤を引き当てで五万円を借入。

同　七月　盛岡藩の依頼により米三万石を引き当てでオランダ商ボードィンから洋銀一五万枚を仲介したが、土佐藩庁の反対で不調。盛岡藩に貸付を行う。

同　七月　対馬厳原藩のために外債七万二〇〇〇両を周旋したほか、協同にて朝鮮貿易を計画し、資金の貸し付けを行う。

同　八月　イギリス商オールトより米国製汽船ノーチラス号買入契約。翌年一月調印、紅葉丸と命名、土佐藩船となる。

同　九月　イギリス商オールト商会と協同で芸州米一万四五〇〇石を買い付け。この支払のため太政官札一〇万両の借入を官に願い出たが許可されなかったため、アメリカ商ゲイより五万両借入。

同　九月　後藤象二郎・板垣退助の命により外商より小銃二〇〇〇挺を購入、土佐藩に納入。

同　一〇月　秋田藩のためベルギー商アデリアンより汽船モアナ号の購入費及び七万両借入を斡旋。

同　――　秋田藩支藩椿岱藩のため外商より三〇万両借入を仲介（口銭二分五厘のうち一分二厘五分大坂商会分）。

同　――　因州藩のため米売買の斡旋をしたが、翌年四月紛議から訴訟となる。
明治三年　五月　盛岡藩のためスイス商ファーデル・ブラントより小銃二五〇〇挺購入。
同　五月　二本松藩のために汽船秀幸丸の購入費に一〇万九〇〇余両を借入を外商ウォルシュ外四社に周旋。六月に汽船は試運転中に機関が破裂したため二本松藩と係争となる。
同　九月　イギリス商オールト商会より土佐藩用汽船鶴を購入。
同　一〇月　後藤・板垣の命によりアメリカ商ゲイより洋銀二〇万元（樟脳二〇〇万樽）を借款。これにより太政官札を準備し土佐に赴く。
同　一一月　ベルギー商アデリアンより汽船オリッサを購入、一二月同船を紀州新宮藩に売却。
同　一二月　土佐香美郡夜須村福林寺山の山林伐採の許可を受け製材及び薪炭用として阪神地方に積み出す。
明治四年　一月　スイス商ファーブル・ブラントより小銃一〇〇〇挺購入を契約。

（『伝記』上、五九〇～五九三頁）

長崎商会時代と同じように銃器の購入を行っているほか、汽船の購入などが行われている。また、外商から弥太郎に対する信用の高さを示すものと思われるが、諸藩が外国商館からの資金を借り入れる際の周旋役としても活躍しており、同時に米などの売買にもかかわっている。

藩札引換一件

これらが土佐藩の財政再建にどの程度の役割を果たしたかは資料的には明確ではない。商会業務の拡大が藩の負債を増やしていると見る向きもあり、藩内でも評価は割れていた。弥太郎は藩財政の立て直しのために藩札の信用回復を企図して、外商から資金を借り入れて太政官札と藩札との引換を企てたといわれている。これも後の三菱の資金源となり、弥太郎が私利を図ったかのように伝えられている「伝説」となっている。

藩札の引換にかかわる借入とは、明治三年（一八七〇）一〇月の借入がこれにあたるようだが、土佐出身の谷干城の『隈山《わいざん》詒《い》謀録《ぼうろく》』に「（後藤が）岩崎弥太郎ニ令シテ大阪ヨリ二十万円計リ金ヲ借リ来リ、紙幣引換所ヲ設ケ、紙幣ノ信用ヲ回復セント謀リタルモ」、引換請求が殺到して用意した資金では対応できなかったと証言を残している（入交、九五頁）。谷はもともと開成館には批判的な藩士であり、弥太郎をかばう理由はない。しかも引換に関する藩の布告も残されているから、この企ては後藤の指示による藩の政策であったと考えてよい。そうであるとすれば、その資金の出入りから弥太郎が自分の懐に金を入れる可能性は小さい。従って「伝説」は後年に尾ひれをつけられた創作ということであろう。

必ずしも成功したとはいえないが、こうした試みが弥太郎の手で勧められたことは、彼が長崎から大坂時代にかけて、土佐藩を代表する経済官僚として着実に実績を残し、藩の経済政策に関与しうる能力を評価されるまでになっていたことを示している。新政府の枢機に参画し、政治面で実績を積み上げていく後藤象二郎の腹心の一人として、もっぱら経済的な問題に対処する人物と見なされるようになっていったのである。

異例の昇進

それだけでなく、弥太郎の大阪商会での活動は、以上述べてきたように、多数の外国人商館・商人と貿易業務や資金借入を大規模に展開し、「おそらく明治初年において外国人を相手に活躍した貿易家の最大の人物は弥太郎であると言っても過言ではない」と伝記の作者である中野忠明は評している（『日記』解題、一五頁）。横浜の売込商などで取引高では弥太郎を上まわる者もあったであろうから、これはやや過大評価と言うべきだろう。それでも弥太郎が有力な貿易業者であったことは間違いない。そして、その具体的な業態は貿易業務と資金仲介などであり、後の海運業者としてのそれとは近接してはいるが、異なるものであったことは、記憶されてよい。

こうした商会での実績によって岩崎弥太郎は、明治二年（一八六九）一二月には土佐藩の権少参事、翌三年閏一〇月には少参事に昇進し、八〇石を給されることになった。弥太郎は三六歳になっていた。この地位は、権少参事が四等官、少参事が三等官という上位の職位であった。変革期とはいえ、異例の昇進だった。弥太郎は、明治四年（一八七一）一二月には高知城下の追手門外にかなり広大な屋敷を買うことができるまでに経済的な基盤も備えるようになっていた。

九十九商会の設立

明治三年（一八七〇）一〇月に九十九《つくも》商会が開成館から分離して設立された。かつて、この九十九商会、あるいはその少し前に設立されたと言われていた土佐開成商社が三菱の事業の出発点と考えられていたことがある。

また、田中惣五郎は土佐開成商社の開設時期に弥太郎が「土佐屋善兵衛」の別名で商務に従事していたことを「一身両頭の怪物」と評して、この時期以降に弥太郎は「天下の商人」としての道を歩み始めたとしている（田中、一三二頁）。

しかし、『伝記』はこれらの捉え方は誤りだと断定している。

それでは九十九商会とは何であったか。九十九商会の設立の理由は何であり、そこでの弥太郎の役割は何であったろうか。『伝記』の説明によると、明治四年（一八七一）の廃藩置県まで岩崎弥太郎は土佐藩の経済官僚、つまり藩の役人であった。藩の役人である以上、私商会の代表者になって事業をやることはあり得ないというのが立論の大前提となっている。それほど明確に公私が区別されていたかには疑問もあるが、この前提に立てば、岩崎が独立して始めた事業とは別のものであることになる。関係があったとしても藩の仕事と考えるべきであり、従って岩崎の個人事業ではない。これが『伝記』が下した基本的な評価である（『伝記』上、六六八頁、下、五頁）。

この時期の岩崎弥太郎の本務は、土佐藩の少参事として大阪関係の事務を統括することであった。その仕事の一部に九十九商会の仕事があったとしても、それは一部にすぎないから、明治四年七月に廃藩置県が実施されるまでは、岩崎は藩の官僚であるという地位を維持したまま、商会の業務にも事実上関与していたということになる。

九十九商会と土佐藩

それでは、なぜ九十九商会が設立されたのか、そしてそれがなぜ三菱の事業の起点と誤認されたのだろうか。

幕末の激動のなかで、多額の軍事費が必要となったため諸藩の財政は破綻の危機に瀕していた。西南雄藩のひとつとして討幕の主役のひとつとなった土佐藩もその事情に変わりはなかった。外国商館からの負債が累積するなかで、返済資金稼ぎのために直営化された藩特産品の専売事業も成績は芳しくなく、しかも専売化に対する農民たちの不満も高まっていた。そうしたなかで、土佐藩では明治三年（一八七〇）八月に後藤象二郎らに批判的な谷干城などが中心になって、藩政改革が着手された。谷は開成館の放漫財政を徹底的に批判し、「業務の縮小」「西洋人との金銭取引の禁止」「物産の取扱いは一切を藩から商人の手に移す」など、藩営の事業を大胆に縮小する方針を示していた。この方針が実現されれば、開成館の貿易業務はまったく存続の余地がなくなる可能性があった。後藤や板垣の巻き返しで一一月に谷干城がその職を辞して改革が中断するまで、土佐藩は言わば緊縮財政の方向へ動き出していた。この谷らの改革政策の背景には、前年に明治維新政府が諸藩の商会所などの廃止を厳達していたこともあったという。

こうして藩論が緊縮の方向に動き始めた一〇月に、九十九商会が設立されたのである。そうした状況証拠から、後藤や板垣と気脈を通じていた岩崎弥太郎は、藩政改革の見通しがはっきりしないなかで、開成館の事業を藩に残すために、別働隊となるダミーの商会をつくったのではないかとの推測が生まれている。つまり、たとえ開成館が潰されても九十九商会は残すという措置をとったのではないかと解釈されている。

使われなかった名称「土佐開成社」

入交によると、弥太郎の『日記』の明治三年一〇月七日には、次のように記されている十月七日、商会に行き簿書を点検す。過日来商会の金銭出納は、去る九月限り一先結局を付け、会計を仕送くる様皆山輩にも示達す。
九日　午後森田皆山を呼、爾来高知藩商会の名目にして諸藩取引致来りたれども、此節土佐商会の事東京弾正台辺の取沙汰有之趣に付、向後は藩の商会は引揚けの姿に致し、名目は土佐開成社と披露し、本国会計は邸内にて一切取扱致様申施す。
（入交、九八頁、『日記』五一八頁）

この日記についての入交による記述は、『東山先生伝記稿本』を基礎としたものと考えられるが、一〇月七日の記述と九日の記述が区別されず七日の記述にまとめられている、という誤りがあるため、『伝記』（下、七頁）の指摘に沿って『日記』も確認の上で訂正してある。

それはさておき、この『日記』のなかで、「東京弾正台辺の取沙汰有之趣に付」という表現に、新政府の政策への対応を配慮したことがうかがわれる。「商会は引揚げの姿」という記述からみて、藩の政策として東京の新政府の藩営商会所の廃止という方針を意識した改組であったことは間違いないだろう。しかし、藩政改革との関係を示唆する記述は見いだせない。また、この日に社名として記されているのは「土佐開成社」であった。そして、これが現実に使われたわけではなかったようで、一二日から数日の間、弥太郎は大坂を出て土佐に赴き一カ月ほど不在であった。手続きが行われたとは考えにくい状況であった。そして帰坂後の閏一〇月一八日の日記には、閏一〇月一八日、商会に行き諸務を談す。此度より商会の名目を改め、九十九商会と致し、惣代土居市太郎・中川亀之助の名前を以て、通商司へ紅葉賀《もみじのが》・夕顔船共九十九商会へ申受け、東京飛脚船相始候様紙面を出し、免許を得たり。右船号は、三角菱を付け候様、板垣氏に相談す。

（入交、九九頁、日付は『日記』五二〇頁に従って訂正した）

と九十九商会の開設が届け出られたようであった。

ダミー会社か独立新事業か

この記録には二つの面がある。それはダミー会社としての九十九商会の代表者は弥太郎ではなく、土居と中川の二名になっていたが、通商司へと正式の届け出をすることで、藩営の商業活動の禁止という新政府の方針には反しない形での事業の継続が図られたことである。社名も土佐藩を直接継承するような土佐商会よりは望ましいものであったろう。「九十九」は土佐湾の別名にちなむ名前であり、土佐人であれば郷土との関係の深さは理解されたからであろう。

もう一つの面は、藩船を九十九商会の資産に実質的に移し、これによって東京との間の飛脚船事業という新事業に乗り出したこと、そして三角菱を旗印として採用したことであった。その面では、独立した後の事業へと継承される面があるといってよい。しかし、藩船の運用に関しては、『伝記』によれば、「若し不虞あれば、その船を以て藩用に供せんとするなり」とされており、藩の用務が優先されていたという。

藩船を商会側に移したことに関連して、『伝記』はさらに穿った見方を紹介している。すなわち、

岩崎家の家紋
〈三階菱〉

三菱マークの成り立ち

（出所）　いずれも，三菱史料館所蔵資料。

開成館は藩の事業であるから、廃藩置県によって藩がなくなれば、藩有のすべての財産は明治維新政府に納付されることになる。そういう見通しを持っていたために、土佐藩が保有していた船を九十九商会の名義に変え、藩の財産ではなく私企業の資産だから政府への納付の必要はないと主張するつもりだった、というものである。しかし、後述するように、この時の藩船を「申し受け」たことについては、「借り受け」として処理されることになったから、この解釈も説得的ではない。仮にこの見方が正しくとも、実際には藩の策略は新政府には通用しなかったことになる。

三菱マークの起源

また、表向きは藩の事業でない以上、藩旗を掲げることはできないから、新しい旗印が必要であったということもできるだろう。だからこの旗印のデザインを決めたことが三菱の発祥というのには無理があるだろう。

この三菱マークは図のように、岩崎家の家紋であった三階菱と共通する間もあるとはえ、実質的に藩主山内家の家紋である三葉柏を基礎として板垣などとの協議を経て決められたという。「三階菱」と「三菱」とは音の響きでは近いが外見のデザインから見れば山内の家紋をベースにしたものといった方が妥当だろう。これまでの藩旗を連想できる方が信用上からも望ましかったということもできる。

不明の点も残るが、開成館の事業に藩内の反対派や明治維新政府からの横槍が入るのを防ぐことが、九十九商会が設立された理由であり、この新商会が藩と密接な関係を持った仕事を続けていくつもりであったことは間違いないだろう。

『三菱合資会社社誌』の誤り

それでは、なぜ三菱の発祥の時期についての混乱が生じたのだろうか。それについては三菱自身の側に問題がある。なぜなら三菱合資会社が正史として編纂を企図し、大正六年（一九一七）に完成した『三菱合資会社社誌』の冒頭に「権少参事岩崎弥太郎、……私ニ土佐開成商社ヲ興シ、専ラ海運ノ業ヲ営ム」と記載されているからである。この記述が後世の歴史家を混乱させた火元のようであり、この記述が流布したのである。

しかし、この記述を裏付ける資料は現在まで発見されておらず、しかも、当初の社名が土佐開成商社となっている点は、弥太郎の日記の記述（土佐開成社）とも微妙に異なっており、この点にも誤りがあることになる。『伝記』の著者が指摘するように、「三菱創業時代の記録や資料には、このやうな記載は全くなく、右は単に社誌編纂者の解釈を示したものに過ぎない。また明治時代に出版された弥太郎伝及びその他の文献にも、土佐開成社設立のことは見あたらない」（『伝記』下、四〜五頁）というのが妥当な結論なのである。社誌の執筆者が『日記』などの記録を読み間違えたか、該当部分の日記を見ることができなかったというのが真相のようである（誤読説は、『日記』あとがき）。

繰り返しになるが、弥太郎が「土佐開成社」という社名を考えたことは事実のようだが、実際につくられたときは、土佐とのつながりをわかりにくくするために九十九商会となった。従って、「土佐開成商社ヲ興シ」という『社誌』の記述は二重に誤りであり、「私ニ」という部分の信憑性も低いことになる。九十九商会は岩崎が独立を意図したものではなく、藩の仕事として計画した事業であり、設立した商会だった。

藩士としての半生

以上が、岩崎が藩の役人として仕事をやっていた時代の出来事であった。『伝記』は前半生を振り返って、それは、白面の一漢学生が、次第に土佐藩の有能な経済官僚に転身し、維新変革の舞台で栄進した「長い荆棘の道であり、七転八生の半生であった」(『伝記』上、六六九頁)としている。

こうして、右も左もわからないいたずら小僧が、漢学を学んで少しの間江戸に遊学し、あるいは長崎に行く機会を得ながら、「ここはおれの来るところではない」と言って帰ってきたような、そういう回り道を経ながら、藩の経済官僚としての地位を経てようやくたどりついたのが明治四年(一八七一)七月の廃藩置県による失業である。そこから岩崎弥太郎は新しく実業へと乗り出した。仮に九十九商会が土佐藩の別働隊であったとすれば、九十九商会の事業を、一体どのように継承したのかということを明らかにすることが、岩崎家の個人事業の発祥をたどる出発点になっていくことになる。

第三章　三菱事業の発祥

1　三ツ川商会の時代

職を失った弥太郎

廃藩置県は岩崎弥太郎の境遇を大きく変えることになった。この維新の改革によって多くの武士たちと同様に士族の身分を失い、土佐藩の経済官僚としての職を失った岩崎は、海運を中心とした商業活動に乗り出した。それは伝統的な和船による海運業ではなく、蒸気船を使ったモダンな海運業であった。これが岩崎弥太郎の後半生を彩る舞台である。

九十九商会が私商社の形式をもちながらも藩の事業を行っていることについて、新政府も疑いをもっていた。廃藩後の明治四年（一八七一）一〇月のことであるが、新政府は高知県に対して、「旧藩商会がいまだに外国人から器械、船舶等を購入し、国家の負債を生じているから厳重に取り締まるよう命じた」（『伝記』下、一七頁）と伝えられている。この措置は、版籍奉還と廃藩置県に伴って領主としての地位を奪う替わりに、旧領主層は旧藩の債務の負担から免れることになっていたことに対応している。新政府が原則としてこれらの債務を継承して返済の義務を負ったのである。この条件が多額の債務を抱えていた領主たちから藩を廃止し藩主の地位を返上することについて同意を得るうえで重要であり、領主制解体をスムースにさせたと考えられている。そして、この債務継承にかかわる事情が岩崎弥太郎の事業の出発点に大きな意味をもった。

三ツ川商会の設立

明治四年（一八七一）七月に廃藩置県が実施されると、弥太郎は、八月一〇日に大阪を出て東京に赴き、二〇日に板垣退助に会って辞職願を出し、同時に九十九商会閉鎖の伺書を提出した。こうして弥太郎は藩士の身分を失ったが、商会の閉鎖については、高知県大参事林有造をはじめ板垣、後藤など旧藩の首脳部が一致して反対した。商会存続の条件として、(1)九十九商会を弥太郎個人の事業として与える、(2)商会の剰余金を運営金として与える、(3)将来土佐県民から異義の出ないよう保証する、などが提示された（『日記』解説、一七頁）。

こうした説得は、日記によれば九月九日から数日にわたり繰り返し続けられた。当初は渋っていた弥太郎は一五日にようやく商会業務の引受を承諾し、一七日に藩船二隻を四万両で買い取ることを申し出て、林の同意を得た。

これが三菱創業の起点となる三ツ川商会の設立につながる経緯であった。出された条件は、とりあえず、(1)九十九商会が借り受けていた船舶を弥太郎が買い取り、(2)運営資金を継承することなどであったが、それに加えて、弥太郎の手元に残ったのは、それまでに培った信用関係などの無形の財産だけとなったといってもよい。これを活かすかどうかは、弥太郎の決断次第であったが、海運事業への展開には迷いがあったようであった。

迷いが断ち切れない弥太郎

『伝記』によれば、「彌太郎が新発足を決意するまでには、慎重な考慮を経た。一説に中央政府の官途を求めたとか、外国巡遊を思い立ったとか伝えられている」として、当時の友人吉永盛徳の回想として「岩崎は海運業も意の如くならざるを以つて、一時大いに苦心煩悶した。故にむしろ官途に就くべきことを勧むる者もあったが、官に就かんと欲するも、その余地あらざりしを以つて、断然海運の業に従った」との経緯を紹介している（『伝記』下、二二頁）。

また、高知藩の廃藩処理にあたった林有造は、実業界への進出を勧め、「豊太閤のような雄略で業界の傑物になるべし」と励ました。これに後藤象二郎も賛成したという（『伝記』下、二二頁）。松村巌『岩崎彌太郎』は、廃藩の任務で高知に向かう林有造に対して、弥太郎が汽船の出発を遅らせて歓待し、その折りに林から貴重な情報を得たことを強調している。つまり、「後藤板垣等皆出で、朝に仕へ、藩府に人なし。林大参事と為て藩政を握り、大小の衆務皆林に決し、彌太郎の事、其力を蒙るもの大にして、是の歳廃藩置縣の制行はる、林豫め意を彌太郎に伝へて、之に備へしめり」というのであった（松村、一八〇頁）。

こうした話が残っているということは、弥太郎が前途の選択について、迷いがあり、いろいろと相談していたことを示唆していると言ってよいだろう。もともと商会継続を要請したのは林や後藤の側だから、激励するのは当然のことであろうし、そうした事情を考えれば、松村の記述もそれほど大きな間違いはない。すでにふれたように、その説得に弥太郎が躊躇していたことも、弥太郎が前途について別の考えをもっていたことを伝えている。

もっとも、後藤象二郎の意見については、田中惣五郎は「初め彌太郎の官を解て自ら汽船の事に従はむとする。後藤象二郎既に藩の営むところに経験するところあり、其の終に利得なくして産を破らむことを恐れ、言を為して之を止む。彌太郎見るところありて動かず」と、海運業に取り組むことに反対であったことを記している（田中、一三四頁）。後藤の意見がいずれかはわからないが、九十九商会の時にはすでに商人道に邁進すると決断していたと見ている田中にとっては、「彌太郎見るところありて動かず」という文言は好都合であろう。しかし、この話は、前述の吉永の回想とはつじつまが合わないことも間違いなかった。

三ツ川商会という社名の由来

こうしたなかで、『伝記』では、廃藩の事務処理が終わって間もなく、明治五年（一八七二）一月に九十九商会が社名を三ツ川《みつかわ》商会と改称し、再発足したことで、弥太郎の決心が固まったとの見方をとっている。この点についての疑問は後に指摘するが、社名の「三ツ川」の由来は、この商会の代表者が川田小一郎（土佐藩士、後に日本銀行総裁）、石川七財、中川亀之助であり、この名前にちなんで三つの川という名前を選んだとの説が知られている。しかし、弘松宣枝『岩崎彌太郎』には「大阪三川の運輸をなせるにて川田石川等の役員ありたるためにあらず、人之を誤る者多し」としている（弘松、九九頁）。いずれにしても、開成館以来の藩の事業は九十九商会を経て、三ツ川商会に継承されることになった。

三井や住友など、それぞれ屋号は別にあったとしても事業組織の名称としては家の名前を用いるのが一般的であった時代に、岩崎は「三ツ川」という名前を選択した。個人経営が一般的な時代に藩士の共同組合組織という形式で家名を用いなかったところに、岩崎の心の内の迷いが反映しているように見える。また、海援隊が組合組織を志向していたことの影響と見ることもできるが、その場合でも弥太郎が代表者に加わらなかったことは説明できない。この組織名称と代表者であれば、弥太郎がいつ離脱しても、存続に問題はなかったと思われるからである。

石川七財との知遇

社名の由来にもなったといわれる三名の人物のうち、石川七財は、九十九商会時代に、その実態に疑惑をいだいた藩の改革派が商会の内情を探査する密命を与えて送り込んだ人物であった。そのときに弥太郎は石川に商会の帳簿一切を見せ、「これからの日本は海運と貿易を興すことが第一であるが、土佐藩は重箱の隅をつつくようなことをやっている。あなたもそんなことの片棒を担いでいないで、私の仕事に協力してもらいたい」と説得したと伝えられる（『伝記』下、一九頁）。石川はこの弥太郎の言葉に共鳴して任務を捨て、商会に合流した。伝えられる言葉通りであれば、弥太郎は土佐商会主任となって以来の貿易事業の重要性を認識していたことになる。繰り返して強調しておけば、弥太郎の抱負が後半生の海運業とは近接するが異質のものであり、飛脚船事業は九十九商会になって新たに着手された事業分野であったことを心に留めておく必要がある。

藩有船舶の払い下げ

藩制度の改革に際して林有造は、藩営事業は没収すべきものは没収し、民間に払い下げるべきものはそれぞれ払い下げた。九十九商会もそのため、借り受けていた船舶をいったん返還することを命じられ、その後改めて商会からの請願を提出して払い下げを受けた。この点は、九月に弥太郎が九十九商会を継承する時の条件として林との間で合意されていたことでもあった。九十九商会設立時に、これに資産を移して廃藩時に政府に収納されることを免れるという考えがあったとしても、それは現実には認められなかった。その点からも、九十九商会が藩の機関であったという評価が正当なことがわかる。

払い下げ対象は「夕顔」と「鶴」の二隻、藩船のうち「紅葉賀」は政府に収納された。二隻の払い下げ価格は四万両であった。この払い下げには、土佐・神戸間の航路を、収支のいかんにかかわらず維持することが条件となっていたと記録されている。商会はさらに藩の旧御用達商人からの借入金の担保物件になっていた大阪藩邸の蔵屋敷も入手した。借金の肩代わりとして銀一五〇〇貫で入手した蔵屋敷が商会の本拠地となった。これらの買収は土佐藩と岩崎との特別な関係を考慮に入れないと説明できないだろう。とくに二隻の藩船は総額二五万五〇〇〇ドルで購入したものだったから、これを四万両（ドル）で払い受けられたことは、三ツ川商会にとって破格の好条件だった。

払い下げ条件の評価

ただし、田中惣五郎は、帝国郵便蒸気船会社が破格の安値で新政府が所有するに至った船舶の払い下げを受けたのと比較して、三ツ川商会の払い下げ条件が特別に安価ではなかったと主張している。帝国郵便蒸汽船会社は、十数艘の蒸気船・帆船を二五万円、一五年賦で払い下げられたうえに、年六〇〇〇円の補助金と船舶修繕料六六万円を下付されていたからである（田中、一三七頁）。

さらに田中は、『旧藩外国債処分録』によりながら、廃藩当時の土佐藩の負債肩替わりの状態を明らかにしている。それによると、藩債のうち、内国債務は七六万三九二〇円九九銭二厘あり、このうち七四万二四七円二三銭余を新政府が引き受けた。また、対外債務はオールト商会などから四三万五三七六円五〇銭二厘あり、このうち政府が継承したのが三八万円余りで、四万円余りは私債として処理された。田中はこの四万円分が藩船の払い下げと見合いで三ツ川商会の債務となったのではないかと推測している（田中、一四〇頁）。これが正しければ、弥太郎がこの払い下げのために十分な資金をそれまでの職務遂行のなかで貯めていたかどうかを詮索する必要はないのであろう。そして、このような措置であれば、旧藩時代の債務を廃藩とともに継承する一方で、代わりに藩の資産は政府に収納されるという新政府の方針との矛盾もなかった。

藩船返納を願出る

この払い下げには、しかし、曲折がある。払い下げから間もない明治五年（一八七二）一月に岩崎弥太郎こと「土佐屋善兵衛」の名義で高知県庁に対して、払い下げ船による土佐国内の回漕を引き受けたものの、「私儀　頗《すこぶる》多用之身柄にて東西奔走無暇《ひまなく》」という状態のため業務を手代に一切任さなければならない状況にあり、もし県庁に適任者の見込みがあれば返納したいと、申し出たからであった（『伝記』下，二八頁）。持ち船はこの二隻だけであったから、この願い出が聞き入れられれば、海運業を放棄することになったかもしれないものであった。

弥太郎の友人吉永の海運業には「苦心煩悶した」というのはこの時のことかもしれない。そうであれば、弥太郎はまだ進路を決めかねていたのであろうか。実際、三ツ川商会の設立に関しては、事業の「縮小改組」であったとの評価もあった（佐々木、一二四頁）。前途は必ずしも見通しよいというわけではなかったのである。

『伝記』は、この点について船価の減額を意図した作為ではないかとの説があることを紹介しながら、これを否定して同じ時期に弥太郎が県庁に請願していた樟脳事業の払い下げの許可を得るためではなかったかと「憶測」している（『伝記』下、二九〜三〇頁）。この捉え方は、三ツ川商会設立で弥太郎の実業への決断が定まったと考えれば平仄はあっている。しかし、むしろ弥太郎はまだ将来の事業の柱がどのようなものになるか、明確なビジョンを持っていなかったように思われる。すでに述べてきたことからも明らかなように、弥太郎の土佐藩経済官僚としての商会業務は、外商との武器取引や借款の斡旋などであって、船舶の運航ではない。海援隊にはその姿が濃厚だが、弥太郎はそこから距離を置いていたように思われるからである。

2　創業期の三菱商会

新商会の経営権は誰のものだったか

岩崎弥太郎は、三ツ川商会の経営を実質的に切り盛りする役を担うことになるが、新会社再発足の時点では、三人にこの商会の経営を任せて別の道を考えていた可能性もあった。これについては、後に三菱に勤務した浅田正文が「如何なる理由の存せしや詳らかならざるも、岩崎氏は川田、石川、中川三氏に一切営業を任せて、一時身を直接営業より退きたることありしも、結果面白からず、再び経営主宰の全権を委任することとなり、名称を変更して三菱商会と称せり、それより三氏との関係は主従の間柄となり」と述べていることが重要な証言となる（『伝記』下，三三〜三四頁）。

この証言と、仕事を一番よく知っていながら岩崎の名前にちなむ社名を選ばなかったことをあわせると、弥太郎の迷いは実業の範囲のなかの選択肢にはまだ収まらないものと考えられる。たとえば、一度は断念した新政府への出仕を考えていたのかもしれないのである。

しかし、いずれにしてもこれは全く実現しなかった。

三菱商会への改称

こうした曲折を経て岩崎弥太郎は、「別の道」を諦めて新しい商会の仕事に専念することになった。その転機となる出来事が明治六年（一八七三）三月に、開業から一年余りで三ツ川商会を「三菱商会」に改称したことであった。さらに翌七年には、商会の本拠を東京に移した。岩崎弥太郎が数え年で四〇歳のときであった。

東京への移転は、その前年の明治六年七月に療養中であった父弥次郎が大阪で没したことが契機となったように思われる。病篤い父を上京させることはためらわれたこともあって三ツ川商会は発祥の地大阪を本拠としていたが、事業の都合からいえば新都東京に本拠を移すことが望ましかったのであろう。

この父の死に際して、再び弥太郎らしいエピソードが残っている。父の訃報が届いたとき、弥太郎はちょうど東京の開市裁判所に証人として呼び出されていた。土佐藩時代に仲介した秋田藩と外国商館との債務問題がこじれて訴訟になったためであった。裁判所の呼び出しにもかかわらず、弥太郎は訃報に接すると直ちに社船を出帆させ大阪に帰った。それでも埋葬の直前に父の遺骸に対面することができただけという別れとなった。家族を思うことにかけては人一倍熱い思いのある弥太郎であった。

しかし、この弥太郎の行動は、裁判所から見ると証人が裁判所の呼び出しを無視し、裁判の権威をないがしろにしたと問題になった。その結果、大阪の警察に逮捕の指令が出て、弥太郎は数日間留置されることになった。若い頃の「殴打事件」の再現のような面のある出来事であり、弥太郎という人間の終生変わらない特性を伝える逸話であった（『伝記』下、七七〜七八頁）。

さて、本題に戻ろう。弥太郎が選んだ新社名「三菱商会」について、弥太郎は弟弥之助に宛てた手紙の中で、「過日九十九の名號を廃止三ツ川と致候へ共、是は我好まず、此度三菱商会と相改候」と、九十九商会時代に板垣などの相談の上で決めてあった船舶の旗印にちなんで、弥太郎自らが選んだ社名だと明言している（『伝記』下、四七頁）。旗印が一般にも馴染まれ、弥太郎の事業の商号として認識されていたことがあったと考えられている。同時に自ら一歩退いた形でいったん選択した三ツ川の名前は、土佐藩士が結成した組合商社のような形式をとるものであり（『伝記』下、三二頁）、自らの主宰事業に転換することを明確に示すためには、家紋の「三階菱」につながる三菱という社名の方が好ましかったのではないかと思われる。

る。

三菱商会誕生時の宣言の真偽

新社名への変更に伴って明治六年（一八七三）三月、岩崎弥太郎が「全従業員を一堂に集めて」宣言したと伝えられている話がある。それは次のようなものである。

皆のものよく聴いてくれ。今日から〝三ツ川商会〟改めて〝三菱商会〟とする。そうして従来藩のものであった商会の財産と、今度更《あらた》めて藩から払下げて貰うことにした六艘の汽船と、二艘の曳船と各一艘ずつの庫船・帆船・脚船と、合せて十一艘は確実に岩崎個人のものとなった。ところで己《おのれ》は今後断然官界に志を絶ち、専心海運業に従事し、商法を以て身を立てる覚悟である。久しい間藩の役人として奮闘し、幸いにして大過なきを得たのは、偏えに皆の援助による所で、感謝に耐えない。皆が相変らずこの弥太郎を援け、弥太郎の部下として働いてくれることは、衷心から望む所であるが、併し人にはいろいろの考えもあり、また都合もある。今日以後弥太郎の部下として弥太郎と共に商法に従事することを好まないものがあったら、どうかこの際を機会としてやめて貰い度い、併し交誼は永久に変らないように願い度い。（入交、一〇四～一〇五頁）

入交が紹介しているもので、白柳秀湖『岩崎彌太郎』（一九四二年）に同文があるから、これが出典と思われる。ただし、このような宣言が出された記録は三菱史料館などには残っていない。また、三菱商会になって初めて藩営事業の資産を引き受けたことになっているこの宣言は、廃藩置県の前後の事情から見て信憑性が薄く、白柳の創作の可能性がある。藩の資産を継承したのは三菱商会ではなく、三ツ川商会であり、三ツ川商会はすでに藩の組織ではなかったからである。

この記述に関連してさらにさかのぼると、山路愛山『岩崎彌太郎』には、この宣言の後段に相当する部分になるが、従来土佐藩の役人として藩の商法に従事していたものに向かって、「自分は以後断然政治への志を絶って、海運業にのみ従事する」という文言以下の商会員に進退・去就を明瞭にするように求めたことが書かれている（山路、一四八～一四九頁）。さらにさかのぼると、南海漁人『岩崎彌太郎』にたどり着く。ただし、ここでも、山路の書物と同様に後半の部分だけの宣言になる。田中惣五郎は白柳の書物を知っていたはずだが、これを全面的には採用せず、部下への進退を問いかけたことだけが、山路や南海の伝記に従って三菱商会創立時の弥太郎の宣言と見ている（田中、一四六頁）。

前後の史料やこれまでの弥太郎の迷いなどを勘案すれば、この時に仮に宣言があったとしても、引用前段は後年の創作の可能性が高い反面、後段の「断然政治への志を絶って、海運業にのみ従事する」という決心が定まり、自らの事業として展開するために、それまでの行きかがりから商会に参加していた旧藩士らに進退を求めたということはありそうなことであった。

スタート時の三菱商会の概要

弥太郎の求めに応じて弥太郎の先輩格であった山崎昇六などがこれを機会に商会を去ったが、石川・川田など主要な商会メンバーは残り（田中、一四六頁）、商会の主人と従業員という関係に立つことになった。

こうして、明治六年（一八七三）三月、土佐藩士の組合商社という性格を残していた事業から完全に脱皮し、名実ともに弥太郎の事業として三菱商会がスタートすることになった。この時商会が保有していたと確認できる船舶は、藩からの払い下げ船「夕顔」七五〇トン、「鶴」四三一トンのほか、「快順丸」三五九トン、「安全丸」三〇〇トン、「豊栄丸」（トン数不明）、「蓬莱丸」六六二トン、「平安丸」四五〇トンであった（『伝記』下、五〇〜六〇頁）。また、大阪・東京間、神戸・高知間、神戸・博多間に航路を開設し、高知、神戸、京都、東京など九十九商会時代に開設された支社・出張所に加えて五年一一月に横浜にも支社が開設されていた。それ以外の資産等については、ほとんどわからないが、資金面で外国商館から借入などが重要な意味をもった。各支社では、東京には森田、大阪は石川、川田、土佐は宇田、森、紀州炭坑に吉永が配置されていた（『伝記』下、七五頁）。これがスタート時の三菱商会の概要であった。

三菱蒸汽船会社への改称

社名は、東京（日本橋南茅場町）に本拠を移した明治七年（一八七四）四月に三菱蒸汽船会社と改称したと『伝記』に明記されている。これによると、略称として三菱汽船会社も使われたが、政府宛の文書などでは三菱蒸汽船会社と記しているという。「蒸気」を明記することは、そのサービスの質が帆船による従来型の海運業と差別化されるという意味では重要なものであったと考えられる。社名にはそうした運営方針が込められていた。ただ後述する鉱山事業などについては三菱商会の名前で経営にあたっているともいう。この名称の二重性は、創業期の三菱が独特の組織を持っていたことを示しているが、詳しくは後述しよう。

弥太郎の日常業務

海運事業を社業の中核に据えるという意思が固まっていったのはこの頃のことであろう。明治六年頃には、弥太郎は政府に出仕した者に対する辛辣な批評もするようになっている。弥之助宛の書状に「此の節は廟堂人等も陽には公事を勤め居りながら、陰には皆商法を営し、滔々一般の有様」と書きつづっている。『伝記』ではこのような弥太郎の言動を弥太郎が実業に専念するようになった心境の変化と捉えている（『伝記』下、七六頁）。また、正確にはいつの時期のことであるかは明確ではないが、南海漁人の伝記が伝えるところによると、創業当初の経営に対する弥太郎の関わり方は次のようなものであったという。

会社創業の際、彼は必ず毎日午前八時に出社し諸局を廻り前日指図したる事業の成績如何を聞き、或は不時の出来事あれば即刻其係員に命して之を担当せしめ而して其時間を厳重に豫定せしめたり。夫れより飄然外出して市中の要区を散歩し窃かに市中の動静を視察し、午前十一時頃一度帰宅し午後再び居留地に赴き知己の外商を訪ね商用の秘密を内談し、二時商会に来り午前指図せし事務の結果を調査し、若し役員の怠慢なるか或は事務の渋滞なる事あれば大喝一聲督責して敢て仮借する所なかりしと云ふ。

（南海、五五頁、弘松、一〇二頁）

自ら商機を探るために市内に出かけ、或いは外商を訪ねるという、陣頭指揮の状況がかいま見えるが、この時期の三菱商会、三菱蒸汽船会社の所有船舶は貧弱であり、外商との取引のなかにどの位の海運業務の引受があったかは判明しない。

弥太郎は行動的であり、弱音を吐かない強気な性格と見られることも多かったが、友人たちの証言の中に、「見かけによらず、頗る神経家である」と評されている（『伝記』下、六四四頁）。経営にあたり細部に目を配っていた様子は、後のことであるが、「樽の酒を柄杓で酌み出すは可なり。穴よりは一滴も洩らすべからず」と社員に訓戒していたことにも表れている。投資には出し惜しみしないが、無駄な出費は厳禁ということであった。この弥太郎の考え方は次のような挿話にも残っている。それによると、弥之助が会社の領収書を保存するために未使用の白い紙で簿冊を作って貼り付けていたのを見た弥太郎が、「全国の支社が総て未使用紙を使っていたら、反故紙を使うのに比べてどれだけの費用が余計にかかるか計算してみろ」と叱りつけたという。弥之助によると、その余分な出費は概算で年四〇〇円にも達した（『伝記』下、六六八頁）。弥太郎の経営に対する細心さを伝える話とされている。

3　明治初期の海運業と三菱

弱小商会の経営難

三菱創業期の経済状況を海運事業を中心に見ておこう。

明治三年（一八七〇）末の日本における西洋式蒸汽船は総数二五隻、一万五四九八トン、西洋式帆船は総数一一隻、二五五四トンにすぎなかった。極めて貧弱な状態であったことがわかる。前述の三菱商会の所有船舶六隻、合計三〇〇〇トン弱は、そうしたなかでもとりわけ抜きん出た存在ではなかった。

松村巌によると、初期の海運経営は困難を極めたようで、「初め出入相償はず、銀籏屢々《しばしば》空しく、石炭を購ふの銭なく、一船の入港を待て、其齎《もたら》すところの金を得るに非ざれば、他船の出港を弁ずる能はざりし事あり」と伝えている（松村、一七六頁）。この窮状にさすがの弥太郎も心身疲弊して「死を決せしこと一再に止まらず」とさえ伝えている。

外国汽船会社支配下の海運業

この頃、日本近海では、サンフランシスコ・上海間航路を開いたアメリカのパシフィック・メイル社（太平洋郵船会社）が、アメリカ政府の助成金を得て、アメリカと極東間の航路を開設していた。さらに、同社は、太平洋定期船航路だけでなく、日本沿岸の海運を日本政府から受託したいと願い出ていた。明治維新政府は、アメリカの海運会社に日本沿岸の海運を委ねるか、それとも自前の海運隊をつくるべきかの決断に迫られていた。

開港からまだ十数年しか経っていなかったが、日本近海の海運業は大きく変わりつつあった。当初は、郵便と客を運ぶ郵便定期航路が、イギリスのP&O汽船会社、フランス汽船、アメリカのパシフィック・メイル社に担われていたと言われているが、小風秀雅『帝国主義下の日本海運』によると、その三社のなかでも日本沿岸航路の七割ぐらいをパシフィック・メイル社が占めていた。

具体的には、明治六年（一八七三）時点でみると、郵便定期航路で日本に入港する船舶が約二八万トン、パシフィック・メイル汽船会社の沿岸定期航路に約四四万トン、イギリス不定期船のうち外国からの入港船が一三万トン、日本沿海に運航される船舶が約八万トン、その他に一一万トンと推定されている。合計一〇〇万トンを超える海運市場が形成されていたことになる（小風、一〇七頁）。日本国籍の海運会社が所有する船舶の小規模性は、この大きな市場に対比して際立っていた（二万トンに満たない船舶でこの市場の半数を占めるとすれば、年一船あたり二五航海が必要となる）。

日本人経営の汽船会社の登場

当時の記録で比較的正確だと思われているのは、英国領事館の報告類であるが、これによると、明治六年（一八七三）頃から、日本国籍の海運会社の記述が出てくると言われている。従って、維新から六、七年経った頃になってようやく、外国人から見ても日本の海運業者が育ち、競争相手として注目せざるをえなくなったのだろう。たとえば、明治六年には「日本政府は全国の重要地点を結ぶ定期郵便路を作り上げた」、七年には「貿易の最も主要な部分は、一方では当港［兵庫――引用者］と横浜、当港と上海との間の近海線にみられる。パシフィック・メイル社は一八六八年［明治元］以来この航路の貿易を事実上独占してきたが、今や日本政府によって強力に補助されていると思われる日本の二汽船会社との競争に強いられている」と報告されている（小風、一一五～一一六頁）。この後者の「日本の二汽船会社」とは帝国郵便蒸気船会社と三菱蒸汽船会社であった。こうしてようやく注目されるようになってきたのが、明治六～七年であったから、別の言い方をすると、それ以前にあたる三菱商会の創業期にはまだ無視されても仕方ないほど脆弱な海運業者だったということになる。

明治政府の国内業者保護政策

明治維新政府は、外国海運業者の優位を崩すため、明治三年(一八七〇)、回漕会社をつくり、幕府から接収した汽船を交付して、東京・大阪間の貨客の輸送を開始した。三井組の献策によると言われるものだが、この会社は年間一二万円の大損失を出し、ほぼ一年間で瓦解している。そのため、改めて廃藩置県などで政府が収納した諸藩の船舶を交付し、さらに助成金を与える海運業保護策をまとめ、これに沿って帝国郵便蒸気船会社(日本国郵便蒸気船会社ともいう)が五年八月に設立された。これには、三井組、鴻池組、島田組、小野組など、江戸時代以来の豪商が出資していた。総額で二五万円の船舶が下付されたが、その条件は一五年無利息の年賦返済というものであった。また同社は貢米輸送の独占を認められたほか、六年末には海軍省の所管であった横浜製鉄所を大蔵省に移管したうえで同社に船舶の修繕施設として貸与することになり、老朽船舶の保全への備えなど追加的な支援策が実施されている。また、八年二月には大蔵省は、従来開港場間で輸送される内国品に一時的に課していた輸出税を西洋形日本船に対しては無税とする措置もとった(小風、一一六~一一七頁)。こうして海運保護政策が主として帝国郵便蒸気船会社を対象にしながら形成され、外国海運会社にも警戒されるようになっていった。

政府助成の枠外にいた弥太郎

注目すべきことは、明治維新政府が海運業保護を開始したとき、その保護の対象になったのは三菱ではなく、帝国郵便蒸気船会社だったことである。この点は、岩崎弥太郎の生涯を評価する上では大きな意味を持っている。

明治維新政府は、戊辰戦争の御用金調達以来懇意にしていた豪商たちに、伝統的な彼らのノウハウを生かした海運業をやらせようとした。それが帝国郵便蒸気船会社だった。この会社がつくられたときに、郵便制度を創設したことで有名な前島密が、この帝国郵便蒸気船会社と岩崎が始めた三ツ川商会とを合併させて、経営を岩崎に委ねるという提案をしたという話が残っている。しかし『伝記』では、当時の状況から考えて、三井組などの豪商たちが土佐藩出身の弥太郎に事業を委ねることは考えにくいと書いている（『伝記』下、四三頁）。岩崎弥太郎の土佐藩で養った経験はその程度の評価しか受けていなかった。この点に疑問は残るが、貿易はともかく、海運業務の経験であれば、妥当な面もあるといえよう。いずれにしても弥太郎は国策による海運業保護の枠外にいた。

三菱商会の成長の軌跡

岩崎弥太郎は明治四年（一八七二）から海運業への本格的な進出に際して、一年一年と、自らの身の丈に合う範囲内で、ゆっくりと事業を伸ばしはじめた。すでにふれたように、土佐藩からの船舶の払い下げを起点にしているが、表2・表3のように明治四〜六年には、比較的小規模な船舶を追加的に取得しただけで、それほど大規模な商船隊はつくっていない。ところが七年に、一挙に所有船舶が増えた。これはこの年から政府の本格的な助成を受けることになったためで、同時にこの年はパシフィック・メイル社との競争に勝った年でもあった。

明治七年に三菱は一〇〇〇トン級以上の大型船舶を大量に購入している。翌八年にも同じように船舶数が増えていった。創業から三年ほど、悪く言えば「泣かず飛ばず」であり、着実でゆっくりとした成長を記録した三菱の海運事業は、七年から急激な成長過程にはいることになった。

開業当時所有していた航路は、大阪・東京間、神戸・高知間であった。神戸・高知間は、すでにふ

表2　三菱所有船舶数（明治3～18年）

年次	汽船	帆船	倉庫船	小蒸汽船*	計
明治3年	3				3
4年	3				3
5年	5(1)				5(1)
6年	8	1		1	10
7年	9	1		1	11
8年	31	5	6	6	48
9年	31	5	6	6	48
10年	40	5	8	6	59
11年		59			59
12年		58			58
13年		60			60
14年		61(1)			61(1)
15年	37	9	9	9	57
16年	30	9	9	9	57
17年	30	6	8	11(5)	55(5)
18年**	28	5	6	13(3)	52(3)

（注）（　）内は借用で外数。艀船・ボートなどの小船を除く。
　　＊小蒸汽船には曳船・脚船などを含む。
　　＊＊18年は9月末の数字。
（出所）旗手勲『日本の財閥と三菱』より作成。

表3　三菱所有船舶の推移

購入年	数	船名（総トン数）
明治4年	3	紅葉賀（1000トン，同年中に返還），太平丸（旧夕顔，750トン），千年丸（431トン）
5年	3	快順丸（359トン），安全丸（300トン），豊栄丸
6年	4	蓬萊丸（662トン），平安丸（450トン），繁栄丸（80トン），成徳丸
7年	11	駿河丸（360トン），東海丸（1223トン），金川丸（1185トン），東京丸（2117トン），品川丸（1169トン），瓊浦丸（880トン），豊島丸（1189トン），九州丸（839トン），社寮丸（800トン），新潟丸（2031トン），高砂丸（2121トン） ※網掛け部分は7年に政府から受託，8年下付
8年	26	敦賀丸（929トン），兵庫丸（1411トン），隅田丸（1411トン），二月丸（50トン），千里丸（1208トン），黄龍丸（900トン），明光丸（925トン），有功丸（541トン），萬里丸（1461トン），青龍丸（591トン），玄龍丸（802トン），赤龍丸（680トン），猶龍丸（660トン），錫龍丸（310トン），成妙丸（300トン），浪速丸（250トン），天祥丸（78トン），海運丸（40トン），快鷹丸（65トン），延年丸（252トン），速鳥丸（60トン），名護屋丸（1914トン），玄海丸（1917トン），広島丸（1869トン），西京丸（2143トン），芙蓉丸（1012トン） ※網掛け部分は，帝国郵便蒸気船会社からの継承
9年	2	神崎丸（400トン），生田丸（400トン）
10年	11	和歌の浦丸（2125トン），貫効丸（298トン），鹿児島丸（455トン），熊本丸（1913トン），住之江丸（1320トン），愛宕丸（1640トン），高千穂丸（2152トン），秋津洲丸（1750トン），九重丸（1824トン），桜島丸（577トン），長崎丸（401トン）
11年	1	廻平丸（314トン）
13年	3	松前丸（607トン），弥彦丸（45トン），大有丸（581トン）
14年	1	明津丸（68トン）
17年	2	横浜丸（2305トン），高輪丸（53トン）
18年	1	新東京丸（2130トン）

（出所）『伝記』下，50-56頁。次表も同じ。

れたように土佐藩に無理やり開設を命じられた航路であった。明治五年に神戸・博多間、六年に四日市・東京間の航路を開設しているが、急激に航路が拡張されたのは、八年の上海航路、北海（函館）航路を開設されてからのことであった。その後は、支店網がどんどん広がったことが表4から確認できる。

では、これだけ急激に成長したプロセスとはどういうものであったか。出発の時点で岩崎は、三隻の船の払い下げを受けているが、すでにふれたように、買受資金のほとんどが藩からの債務の肩替わりであり、従って、バランスシートでは外商からの借入金であったことが推定されている。

成長の資金源

しかし、外商から借入は、開業後の運転資金調達の手段としても重要な意味をもったようである。この点については、当時の社員であった恒川新輔によると、「神戸のアメ一（ウォルシュ商会）や大阪のオールトなどとの関係は金融の関係であって、金を借る時は日本政府の紙幣を封印して持参し、それを担保に正金を借りた。又弥太郎社長は、西洋人から信用で借りた金は、必ず約束の期日に返済したので頗る西洋人の信頼を得た。このような訳で金融は比較的楽であった」と証言している（『伝記』下、七一〜七二頁）。このほか、明治六年（一八七三）一月に土佐の共立社から一万五〇〇〇円を借り入れた記録もあり、初期の資金源はさまざまであった可能性があるが、その規模はそれほど大きなものではなかった。

その後、明治六年までに一〇隻の船を二四万五〇〇〇円で購入した。そのほかに四万七〇〇〇円、

表４　三菱の航路開設

年　次	区　間
明治３年閏10月	大阪―東京，神戸―高知
５年　８月	博多航路（神戸―博多）
６年　11月	勢州航路（四日市―東京）
８年　１月	上海航路（横浜―神戸―長崎―上海）
２月	北海航路（横浜―青森―函館）
11月	琉球航路（鹿児島―大島―琉球）
９年　５月	北清航路（神戸―芝罘―天津―牛荘）
８月	日本海航路（大阪，下関，敦賀，伏木，新潟，函館），横浜―清水
11月	朝鮮航路（長崎―釜山）
12月	小笠原航路（東京―小笠原）
11年　２月	四日市―熱田
12年　６月	函館―青森定期航路
10月	香港航路（横浜―神戸―長崎―香港）
13年　３月	元山航路（神戸―元山）
７月	函館―根室
14年　２月	ウラジオストック航路（神戸，釜山，仁川，ウラジオ）
15年　４月	小樽―函館―酒田―新潟―敦賀
10月	京浜，函館定期航路
16年　９月	朝鮮航路（神戸，下関，長崎，五島，対馬，仁川）
18年　１月	横浜―半田
２月	函館，小樽定期航路
３月	小樽―境

（出所）表３に同じ。

合計二九万円ぐらいの船舶購入代金が必要であった。さらに吉岡銅山の買収費約一万円とか、土佐藩営事業の払い下げ費用二六八七円などを含めて、おおよそ三〇万円ぐらいの資金が必要だったようだが、そのほとんどが外国商館からの借入だったと言われている。従って、藩船の払い下げから始る海運力の増強のための資金が債務増加に繋がっていた可能性が高いということになる。

無償貸し下げと政府補助

しかし、その後の状況は大きく変わった。なぜなら明治七年(一八七四)から政府助成を受けられるようになったからである。払い下げ・貸し下げの船舶をあわせて船舶代金がかさみ、その金額は七七年末には合計一二〇万円に達した。ただし、政府助成との関係では、形式的には船舶の貸与となっている場合には「無償貸し下げ」のケースが多く、資金調達の必要はなかった。政府からの資金貸与による船舶購入の場合には調達の苦労は小さかったとはいえ、借入金の残高が後の経営に負担になることも事実であった。その分については、補助金として返済の必要がない資金ではなかったからである。従って、これらの資金は原則として利益から返済される必要があった。つまり、借金をして船を購入する、あるいは年賦金支払いという格好で船を購入して事業を拡大し、利益が得られたら借金を返済するという経営方式であった。

事業の「かたち」

現在では企業を考えるとき、資金の出資者に注目する。企業は株主のものだと考えているが、そうした見方からすると、三菱の事業に当初岩崎弥太郎はどれだけ出資したのかが関心をひくだろう。ただし、三菱商会設立時、あるいはさかのぼって九十九商会設立時に弥太郎がどの位の出資をしたのかは記録されていない。弥太郎が持っていたのは、それまでの土佐商会時代からの外国商館などとの取引上の信用と事業上の知識であった。

もっとも真偽のほどはわからないが、後に海運助成を受ける際に、弥太郎の事業経験と能力に不安を感じた大久保が前島を介して諮問したのに対して、弥太郎は、漢の高祖の例を引いて「高祖はよく多くの人材を統御しえたので、あのような大業をなすことができた。わたしもまた同じことである。海運の実務にあかるいものは、わたしの周囲にたくさんいるから、わたし自身はこれらの人物を巧みに用いて事にあたらしめれば充分だ」と答えたという（嶋岡、九四頁）。前島の回想に基づくもののようである。だから、貿易業務についてはともかくも、海運業務についての弥太郎個人の経験や能力が人一倍高かったというわけではないかもしれない。

もちろん、貿易と海運の事業を海援隊のように不可分のものとして考えていたとすれば、弥太郎の経験はものをいった。そして、事業を設立するという視点から見ると、必要な資金を提供するという要素よりも、業務能力を出資する人材の存在は重要であった。藩営時代から作り出された岩崎配下の人びとも含めて、自らの出資分を主張することもできたはずであろう。それに対して、実際には事業のすべてを弥太郎のものとしたのが、三菱商会の設立のやり方であった。これは、現代的な感覚から見れば異例であろうが、それがたいした異論もなく実現したところに、この時代の特徴がある。

最大の元手は事業能力

どちらかというと事業を経営する人の側に所有権があるとの考え方は、たとえば、銅山王として有名な古河市兵衛にも見出すことができる。小野組という豪商の番頭であった市兵衛は、小野組が破産した後、無一文になった。手持ちの資金・私財は破産のときに、経営責任を感じた市兵衛がそのすべてを小野組の借金の返済にあてたからであった。その後、市兵衛は独立して、新潟県の草倉銅山、あるいは足尾銅山の経営に乗り出す。そのとき、市兵衛は必要な資金を旧大名家からの借入金で調達し、市兵衛は鉱山の経営経験・能力を出資するとともに、利益を優先的に借入返済に充当し、リスクは負担するという形式で起業したということができる。こうして一連の鉱山事業は古河家の事業になった。

岩崎弥太郎のやり方もこれに近い形式であったらしい。借りた先ははっきりしないが、『伝記』などを読む限りでは、すでにふれたように、土佐藩時代からつき合いがあった外国商館が資金を提供したと考えられている。条約上では、外国人が日本の会社を所有する権利は制限されているから問題ないかもしれないが、後述する高島炭坑のように外国商館に経営権を奪われる危険ははらんでいた。そうしたなかで政府助成が始まった後は、政府が主要な資金源となった。それによって相当の監督・規制を受けることになったという面はあるが、それでも三菱の事業は岩崎のものであった。つまり創業にあたって自ら出資した資金がほとんどないにもかかわらず、その所轄する事業は弥太郎のものであり、三菱商会への改称後には共同出資という考え方もまったくない。こういう状態であったから、政府助成にたどり着くまでの間、まだ株式市場などの近代的な諸制度が整っていない時期には追加的な資金を得る道はほとんどなかったこともあって、最初の三年はゆっくり事業を進めていく以外にはなかったのであろう。

4　国内汽船会社との競争

帝国郵便蒸気船会社に挑む

九十九商会時代、岩崎弥太郎が競争したのは、紀の国屋萬蔵など和船荷受問屋が始めた紀萬汽船である。この会社と台湾出兵まで、関西航路をめぐって競争していた。台湾出兵後は、弥太郎が「大に政府の保護を得るに至り、紀萬汽船は圧倒され、終に閉店を余儀なくせらる」（『伝記』下、八一頁）と伝えられている。

岩崎弥太郎が、関西航路の競争に続いて、全面的に対決しなければならなかった相手は、言うまでもなく、帝国郵便蒸気船会社であった。つまり政府保護を受けた国策海運会社との競争であり、この競争のなかで、どのようにして自らの事業基盤を固めるかだった。

明治六年（一八七三）四月、帝国郵便蒸気船会社と競争をしている頃、アメリカ留学中の弟弥之助に送った手紙がある。それには、「只今大蔵省之ヒイキノ日本郵便会社ト我三ツ川商会ト双方必至之角力ナリ」と書いている（『伝記』下、八三頁）。

弥太郎の気概

当時、岩崎が社中に向けて飛ばした檄文には、「かの郵便蒸汽《ママ》船会社は政府の保護をうけ、徒らに規模宏大なるも、これを主宰総轄する人物が凡庸なり、況やその船舶は概して腐朽に傾き、実用に適せざるもの多し、それに反しわが商会は社船少数なるも、いずれも堅牢快速にして、社内の規律厳然として整頓し、社員協力一致して奮闘する気力に富む」（『東山先生船会社は、政府の保護を受けた帝国郵便蒸気船会社は、船の数からいっても、規模からいっても、圧倒的に強大であるように見える。しかし、相手は見かけほどの海運力はもっていないし、「商売のやり方を知らないから勝利は間違いない」という檄を飛ばしたのである。

この檄文の最後に、「今後の方針は第一に彼(帝国郵便蒸気船会社)を征服し、第二に米国太平洋郵船会社(パシフィック・メイル社)を日本領海より駆逐するにあり。これ決して不可能の事にあらず」と書いている。要するに、眼前にいる日本国内のライバルをまず蹴落とし、その後、直ちに近海海運の七割のシェアを占めているパシフィック・メイル社に戦いを挑む、との方針を明言していたのである。

荷主の支持

このような状況のなかで、大阪や東京の荷主たちは、三菱(岩崎)と帝国郵便蒸気船会社とどちらがサービスが良いか天秤にかけた。いまだ東京や大阪の有力な荷積問屋の力が強かった時代であり、三菱も帝国郵便蒸気船もサービスに努める必要があった。「郵便会社の儀、是迄は兎角権風にて不都合之場合も有之候へ共、以来は商風に立帰り」と、帝国郵便蒸気船会社に対して変化の兆しが見えていることを問屋側でも評価していた。こうした意味では競争のメカニズムが働いて、サービス向上が進んでいた。

結局、明治六年(一八七三)四月に東京の荷主たちが三菱に軍配をあげたことで決着がついた。四月三〇日、東京の荷積組合から大阪の荷積組合に対して、東京は全部三菱に「一方積み」にするとの書状が届いた（『伝記』下、八七頁）。大阪側が直ちにこれに同意したわけではなかったようだが、帝国郵便蒸気船会社の業績は次第に傾いていった。

帝国郵便蒸汽船会社の敗因

勝敗の帰趨を決めた理由には、三菱との競争だけではなく、帝国郵便蒸気船会社の事情も背景としてあった。その一つは、同社が明治六年（一八七三）まで独占していた貢租米の運送が同年からの地租改正事業の進展とともに基盤を失ったからであった。地租改正によって地租は金納化され、政府は米を回漕する必要がなくなった。この米の運送費は膨大なものであった。山本有造の推計によると、地租改正以前の土地からの税金である年貢は、税収額の一五％ほどを米の換金のための費用として必要としていた（山本有造『両から円へ』三〇頁）。そのかなりの部分が輸送費用であり、帝国郵便蒸気船会社の収入であった。しかし、地租改正によって同社はこの特権を失ってしまった。改正後には米の販売は農民の役割であり、米の輸送は政府ではなくて商人たちの裁量に任せられることに変わったからである。

もう一つの理由は、明治七年（一八七四）に抵当増額令が発布されたことであった。この当時、政府の御用商売として官金を預かっていた豪商たちは、その資金に見合った抵当を差し出すことが求められた。政府は、七年秋にその規定を改正し、それまでの抵当額が少なすぎるという理由で増額を命じたのである。急な改革の指令であったため、それまで預かった官金をかなり放漫に運用していた豪商たちのなかで、小野組と島田組は抵当増額の命令に応じられず、破綻した。生き残ったのは三井組だけであったが、それも自前の資金があったからでも経営が健全であったからでもなく、オリエンタル・バンクからの臨時借入れによって間に合わせたからであった（石井寛治「銀行創設前後の三井組」）。三井組が残ったとはいえ、破綻した小野・島田はともに帝国郵便蒸気船会社の有力な出資者だったから、このためもあって同社は経営的困難に陥り、解散に追い込まれていったのである。

台湾出兵

帝国郵便蒸気船会社との競争過程は、三菱にとって重要なもう一つの事件と同時進行していた。それが台湾出兵に伴う軍事輸送の引受だった。これが、三菱が日本沿岸の航路を獲得する上で画期となった。

この台湾出兵は明治七年（一八七四）夏のことであるが、台湾に軍隊を派遣するに際して、当初、明治維新政府は外国船を傭船することによってまかなう予定であった。ところが、アメリカやイギリスは、清国との外交関係が悪化するのを嫌って、局外中立を宣言し、自国船の利用を拒んだ。新政府はあてが外れ、出兵は計画したものの、軍事行動に不可欠の輸送のための船がないという状態になった。

そこで、大久保利通と大隈重信は、出兵を取り止めようと、長崎で出兵許可を待っていた西郷従道に至急打電した。しかし、西郷はそうした状況を察してか、さっさと台湾に向けて出航した。そこで自前の輸送船団を急遽つくらざるをえなくなったのである。

帝国郵便蒸気船会社の消極姿勢

明治維新政府は外国船を購入して急場の用に供するとともに、経営基盤があやしくなっていたとはいえ政府の肝入りでつくった帝国郵便蒸気船会社に話を持ち込んだ。ところが同社は、「今、政府の御用を引き受けて台湾向の船団を組むと、その留守に三菱に沿岸航路を荒らされてしまう。もし引き受けなければ、この役目は三菱に行くから、三菱は台湾に向けて船を回すだろう。その間に荷主と話し合って失地を挽回する」と考えていた（『伝記』下、一〇三頁）。こうした判断のもとに、同社は政府の要請を断ったと伝えられている。

もちろん、帝国郵便蒸気船会社がまったく協力を拒否したわけではなかったが、三隻の同社からの徴用船について政府の実務担当者だった大隈は、「乗組船長共未熟」で不都合であり、「事務停滞して事を弁ぜず」という状態であるとして、徴用を解除してしまった（小風、一一九頁）。もともと及び腰だったから、優秀な船舶・乗員があてられなかったのかもしれないが、同社の業務のやり方は不評だったのである。

次善の策

こうして新政府はやむをえず三菱商会に期待せざるをえなくなった。ほかに運航能力を評価できる有力な業者はいなかった。三菱商会の所有船舶が弱小で不十分であることはわかっていたが、その点は政府が船舶を購入すれば打開できるからである。

そして、三菱はこの政府の要請を受諾した。

大隈の要請を受けた弥太郎は、「微生一個の独力を以て運輸の業を営む。その事業の困難なる知るべきなり。然れども男児一度事を創め、中路にして廃棄するは自ら恥づるところなれば、わが精力を尽して拮据鞅掌《きっきょおうしょう》（忙しく働くこと）し、十一の成功を千百の破敗の内に求め、百辛千艱、斃《たお》れて後止まんと決心せり。而して今、閣下［大隈をさす］の重命を辱《かたじけな》うす。光栄これより大なるはなし。敢へて力を尽して政府の重荷に対へざらんや」（『伝記』下、一〇六～一〇七頁）と応じたという。大隈の回想に残る弥太郎のこの言葉は、帝国郵便蒸気船会社が政府の手厚い補助を受けていたことと対比し、三菱が「一個の独力以て運輸の業を営む」と自らが置かれてきた立場を明確にしたところに、弥太郎の気概があふれている。

海運担当約條

この時、政府に対して「即今海外有事之際ニ当リ海運尽力之命ヲ奉ズ。於当社粉骨砕身報国之義務ヲ尽シ、公用ヲ弁理スルヲ以専務トスベシ」ではじまる「海運担当約條」が提出された。その誓約書には、繰り返し「私利ヲ顧ミズ」とか「奮然尽力、公用ニ弁給ス」との誓約が記されている。こうして弥太郎は、通常の海運業務は事実上放棄して軍事行動に必要な輸送業務に専念することになった。

その一方で、不足する船舶については、この誓約書の第三条では「御局之船舶ヲ以海外運送之用ニ供スト雖モ、其船舶不足スルニ方テハ当社之諸船ハ勿論、内外之商船至当之価ヲ以雇入」と船舶の補充の必要に言及している。なお、この誓約書の社長名は岩崎弥之助となっている（『伝記』下、一〇八～一一一頁）。弥太郎が病気療養中であったために、前年明治六年（一八七三）一一月に留学から帰国して弥太郎の補佐役となっていた弟・弥之助が代理したと言われている。

ただし、この説明には若干の疑問は残る。病気療養中であるにしても、本来であれば、署名は「三菱蒸汽船会社社長　岩崎弥太郎　代理岩崎弥之助」となるべきであろう。ところが実際の署名は、「三菱蒸汽船会社社長　岩崎弥之助」となっているからである。三ツ川商会設立の際、実権はともかく表面的には石川七財らを代表者とした弥太郎である。この時のことを思い起こすと、政府の御用を引き受ける会社は弥之助名義として、自分はその関係から距離を置いて自由度をもちたいという意図があったかもしれない。後述する二重組織となっていく創業期の三菱の経営組織のあり方と照らし合わせると、このような可能性も否定はできない。とはいえ、それを立証できる証拠もない。

台湾出兵輸送業務引受と船舶の増加

こうした経緯を経て都合一三隻の船舶を受託運航して三菱は台湾出兵に伴う兵員・物資の輸送を行った。貸し渡された一三隻のうち、「東京丸」「新潟丸」「高砂丸」の三隻は二〇〇〇トンを超える大型船であり、また「兵庫丸」「隅田丸」など五隻が一〇〇〇トンを超え、残りも八〇〇トン以上の蒸気船五隻であった。この規模は、次の飛躍のステップとなる西南戦争のときに三菱が政府資金を借りて買入れた船舶一〇隻（汽船八隻、庫船二隻）、合計一万一四三九トンを上まわって合計一万六〇二一トンという大規模なものであった（佐々木、一一一～一一三頁）。

一挙に運航すべき船舶数が増えるなかで、出兵、そして北京での外交交渉、その後の撤兵と、明治七年（一八七四）はこの事件に暮れることになり、三菱会社は関連する業務に追われた。政府が支出した軍事費は、陸海軍費や汽船購入費などをあわせて七九四万円余りであった。

この間、帝国郵便蒸気船会社は三菱の留守に失地挽回を図ったが、その思惑ははずれ、結果的には立場が逆転してしまった。その理由は、すでにふれたように、三菱が引き受けた時点で、その保有船数では政府が考えている海運力が調達できないことがはっきりしていたことに起因している。そのため政府は、イギリスから一〇隻の大型船を購入して三菱に下付した。弥之助名で提出した誓約書は主として「有事」の際の事項を定めたものであったが、その第七条には「無事之時ニ在テハ預リ之汽船ヲ以人民運送之便ヲ広大ニシ、盛ニ回航之利ヲ開クハ已ニ当社ニ許可ヲ賜フモノトス」との条項があり、平時に戻れば貸与船舶の三菱による運航が予定されていた（『伝記』下、一一〇頁）。この約束に従って、台湾出兵後には商業輸送に使える三菱の海運力が大幅に上昇した。こうして弥太郎は、政府が購入した大型船を運航して手厚い保護を受けるチャンスをつかんだ。

政府から選ばれて「政商」となる

以上のように岩崎弥太郎は、帝国郵便蒸気船会社と争って台湾出兵の軍事輸送という御用を獲得しようとしたのではなかった。帝国郵便蒸気船会社は、経営がかなり困難となっていたためもあったが、政府の打診に対して及び腰だったことも種々の証言から明らかであった。他方、弥太郎が自分の力不足をわかっていて引き受けたことも確かであろう。こうした経緯で、弥太郎は、政府から選ばれて「政商」となるチャンスをつかんだのである。

当時、政府でも、たとえば実務にかかわっていた大隈重信は、「帝国郵便蒸気船会社は殿様商売で、事務が停滞していて仕事がはかどっていない」という批判的な意見を持っていたようである。そうした背景もあって三菱に好意的であったということはできる。しかし、大久保や大隈の視線の先にあったのは、三菱保護でも海運保護でもなかった。軍事上のさしせまった要求を満たすことであった。弥太郎が、政府から特権的な保護政策を引き出すために多額の賄賂を贈ったという事実を示す証拠もない。こうして三菱は、前掲表3にあるように、明治七年（一八七四）に政府が購入した東京丸（二一一七トン）などでの大型船を手に入れ、それまでとは格段に高い輸送力を手に入れたのであった。

この台湾出兵は、帝国郵便蒸気船会社の出資者であった小野組や島田組の破綻に繋がる抵当増額令の発令にも関係していた。出兵後の外交交渉が緊迫する状況のなかで、清国との軍事対立へと拡大することを危惧した新政府は、それに備えて財政基盤を強化するために放漫な官金の運用を改める必要が生じた。このことが、抵当増額令に繋がったことが知られている（石井寛治『開国と維新』二九〇頁）。その意味では、台湾出兵における政府御用の引き受けをめぐる帝国郵便蒸気船会社と三菱との駆け引きも、東京・大阪の荷積問屋をはさんだ競争過程とともに、三菱を国内海運業者の第一人者に押し上げていく契機となったのである。

第四章　政商岩崎弥太郎の誕生

1　明治政府の海運助成政策

もちろん、台湾出兵後に政府が三菱への保護政策を展開する保証はなかった。それでは、台湾出兵以降、政府と三菱との関係はどのように展開していったのか。この点については、新政府が、引き続き三菱を保護する方針を確定していたわけではなかったと考えられている。

大隈の海運助成策構想

台湾出兵の裏方実務担当者であった大隈重信は、政府の資金で船を引き続き購入して運航を三菱に委託するという案を考えていたようであった。台湾出兵の船の運航の仕方をそのまま事件後にも継続しようとしたわけである。もともと出兵に際して、英米両国から協力を断られた際に、番地事務局長官として輸送の任務を担っていた大隈は直ちに、汽船三隻を購入しただけでなく、最終的には一三隻の船舶を購入していた。これらがすでに三菱に委託運航されていたのである。大隈の海運助成政策は、こうした経緯に基づいて、船舶の所有権を国が保持したまま、民間に運航を委託するという「国有民営」方式の案であった（小風、一一八〜一二〇頁）。

台湾出兵をきっかけに大量の新しい大型船を購入した政府は、台湾出兵が終わった後では最大の船舶所有者であった。だから、この国の財産を誰かに委託して運営させるという案は、非現実的な選択肢ではなかったが、大隈はそれを推進しようとした。すでにふれた「海運担当約條」という誓約書は、この方針に基づいて平時に移行した後の三菱への運航委託を約束していた。

大隈構想の問題点

ところが、この方式には問題点もあった。その一つは、財政負担の重さであった。海運力の増強を考えて船を購入することになると多額の財政支出が継続的に必要となる。しかも、船が老朽化しているので修理などの費用も嵩むだろうと見通され、財政負担が何年にもわたって続く可能性があった。委託運航に対する収入が見込まれるとはいっても、受託した海運会社の競争力を殺《そ》ぐような高い収入を期待できないはずだったから、「国有民営案」では収支の赤字は避けられなかった。実際、この方式で委託運行した結果、明治八年（一八七五）八月の時点で大蔵省は五〇万円余りの損失を見込む状況となっていた（小風、一二四頁）。

大隈案のもう一つの問題点は、それまで帝国郵便蒸気船会社への保護政策を展開していたのが内務省駅逓寮であったのに対して、大隈が大蔵省の管轄下で独自の海運政策を構想していたことであった。駅逓頭前島密は、海運関係法規の整備や海員養成政策の立案を進めていたが、大隈の政策が「多額の財政支出を必要としながら一般海運奨励を軽視した官有船運用策」であり、「取るに足らざる愚策」と批判していた（小風、一二四頁）。しかもこの方式では帝国郵便蒸気船会社を潰さなければならない事態も予想されるため、大隈の方針に政府内部から批判が生まれた。

木戸孝允の大隈批判

大隈案が実現しなかった理由は、ほかにもあった。征韓論の後、台湾出兵を直ちに実行したことに憤慨して下野した木戸孝允が、「現在の政府は金を湯水のごとく無駄に使い過ぎる。その首謀者は大隈だ。大隈を何とかしない限り、政府に復帰しない」という趣旨のことを大久保に明言していたからである。この批判には妥当な面もあった。大隈が台湾出兵の予算と見込んだのはわずか五〇万円だったが、実際の支出は七七二万円に達しており、しかもそのうち二割が汽船の購入費だったからである。汽船の購入費用だけでも、当初予算総額の三倍に達していた。

明治維新政府は、鹿児島に帰って動かない西郷隆盛に不気味なものを感じていた。その西郷に対抗するため木戸孝允に対して新政府への復帰を懇請していた。木戸を政権に復帰させるために、大久保は、大隈への批判に応えて政策を方向転換すると約束したと言われる（小風、一二六〜一二七頁）。

大久保利通の「海運三策」

明治八年（一八七五）五月、その政策転換のために内務卿大久保は自らいわゆる「海運三策」を建議して、政府に結論を求めた。その建議は正式には「商船管掌事務之義ニ付正院へ御伺案」というものであるが、そこでは、①民営自由、②民営育成、③官営、の三つの案が対比された。この三案について、大久保は、①では政府の負担は二万円ぐらいであるから、安上がりで財政負担は軽いが、外国海運会社との競争に敗れて日本の海運業は潰れてしまう危険があるので得策でないと評価する。②については、助成金三五万円ほどの支出が必要となる。そして、③では、年間少なくとも五〇万円以上の赤字が見込まれる、と説明している。

こうして三つの選択肢を示した上で比較考量すれば、②の民営育成を選ぶ以外にないとの考え方を、大久保は提案したのである。大隈の構想は、「国有民営」案であったから、②と③の中間で③に近い案であったということになろう。

民営育成案の要点

この建議では詳しく、三案の得失を検討しているが、その中で第二案については、次のように書かれている（『伝記』下、一二一〇～一二一四頁）。

第二方法ヲ以テスレバ商船管掌ノ専任ヲ置キ、之レニ全国ノ商船官有私有ヲ論ゼズ統属セシメ、且其船主ニ諭シテ一ノ会社ヲ結バシメ、其船舶ヲ一ニ合セ其大小形容等ニ従テ適宜ニ各地へ往復セシムベシ

つまり、この提案の時点では、第二案（②）では官民の船をあわせて新会社を設立することになっていた。その上で、この新会社に対して運賃を定めてこれを守らせることが強調されていた。それは、「即今船主ノ苦ム所ノモノハ、甲乙相競フヲ以テ不当低度ノ運賃ヲ収メ、経費或ハ辯給セズ、竟《つい》ニ船ノ腐朽ヲ修繕シ能ハザルヲ最トス」と運賃競争による弊害予防が必要と判断されたからであった。さ

らに、「但シ即今ノ如ク太平洋郵船会社ト抗抵スルヨリ生ル大損失ハ別ニ救フノ術ヲ設ケザルベカラズ、若シ此ノ施爲無クンバ、恐ラクハ即今吾国所有ノ船舶四五年ヲ出デズシテ皆敗潰用フベカラザルニ至ルベシ」と、日本海運隊の自立には太平洋郵船会社（パシフィック・メイル社）との競争による損失を補てんするような補助が必要なことも指摘されていた。

さらに、新会社の設立については、

大藏省所属ノ船舶及ビ郵便蒸気船会社へ払下ノ船々ヲモ一旦之ヲ取上ゲ、之レヲ此会社へ無代価ニテ下与スベシ、但シ郵便蒸気船会社及ビ三菱商社ノ如キハ元ヨリ此新創会社ニ編入セシムベシ。但シ郵便蒸気船会社解撤処分ノ方法ニ於テハ特別ノ裁許ヲ伺フヘシ。

と三菱も含めて新会社への参加を求めるとともに、帝国郵便蒸気船会社への貸与船も引き上げて新会社に提供するとともに、帝国郵便蒸気船会社については解散を予定していた。

また、「無代価下渡シタル船々ハ勿論其他ト雖ドモ、政府ノ用アルトキハ常ニ自由ニ之ヲ使用スルノ約束ヲ固フシ、且其船ノ修繕等ヲ怠ラシメザルノ約束ヲ設ケ、之レヲ督促検査スルノ法ヲ設クベシ」と、この海運保護政策が台湾出兵の際に直面した問題をも回避する政府のための海運力という性格を付与されることも強調された。船舶の「無代価」での「下げ渡し」によって対象となる海運会社は船舶への初期投資を大幅に軽減され、その修繕・保全の義務だけを負うことが、政府の海運力となることとの見合う条件であった。

こうして設立される新会社に対して、郵便業務や上海航路などの確保のために助成金を支給することも提案されていた。それは充分な保護がなくては、外国汽船会社との競争に「必敗の恐れ」があるためと説明されていた。

三菱を選んだ理由

この建議を受けて七月一〇日に新政府は第二案を採択することを決定したが、同月二九日に大久保は「商船管掌実地着手方法ノ儀ニ付伺」を提出して、想定されていた新会社ではなく、三菱を選択する旨を明らかにした。

それによると、帝国郵便蒸気船会社と三菱とを糾合して新会社を設立する計画について、これまでの郵便蒸汽船の事業を振り返って次のような問題を指摘した（『伝記』下、一二五～一二八頁）。

> 猶再案スレバ是迄官ノ誘導説諭ヲ以テ成リ立候会社ハ、何レモ官ニ依頼ノ過度ナル、自立独行ノ志操無ク、竟ニ成果ノ美ヲ見ル能ハズ。又邦民ノ知識未ダ共同結会ノ果実ヲ成熟スルノ度ニ至ラザルモノ多ク、是等ノ由因ヲ以テ右郵便蒸汽《ママ》船会社ハ既ニ已ニ敗頽ノ姿ニ至リ…

つまり、経営のあり方について過度な官依存という経営体質が問題であった。これに対して大久保は岩崎・三菱について次のように述べている。

然ルニ三菱会社々長岩崎彌太郎儀ハ其社ヲ立ルヤ、別ニ誘導説諭ニ由ラズ、嘗テ官ニ依頼セズ全ク自立ノ業ヲ営ミ、且名ハ社長ト称スルモ其実専ラ自家ノ財力ヲ以テ之レニ当リ、又其業ニ忍耐ナル、稍其事ニ練熟致シ候効験モ有之者、殊ニ今般当省ノ管掌ニ属セル拾三艘ノ汽船ハ当初ヨリ同人ヘ委托コレアリ、其運用方ニ就テハ大ニ盡力致シ候儀モ有之趣ニ候得バ、旁以テ此者ヲシテ大ニ之レニ任ジ可申事ニ有之候

弥太郎が独立して海運業を営んでいたことが評価されていたのである。

公業としての郵便汽船三菱会社

しかし、同時にこの文言のなかにも「名ハ社長ト称スルモ其実専ラ自家ノ財力ヲ以テ」と書いている点にも現れているが、三菱の事業が実質的には個人事業であることについては、明確に一線を画していたこと、その限りでは新会社設立という方向性は維持されていた。

この点は、以下の文言により明確に示されている。

岩崎彌太郎ヘ此業ヲ任ジ候モ固ヨリ同人一個ノ私ニ委スルニ無之、三菱会社ノ公業ニシテ其社長タルノ職ニノミ任ジ候次第ニ有之、且同社モ更ニ今般改正シ社則定款ヲ確立シ、会計法ヲ簡明ニシ、即チ別紙定約調印ノ日ヲ以テ同社開業ノ第一日ナルガ如ク総テ新旧ノ区界モ明了セシムベキ事ニ有之候。

（『伝記』下、一二七頁）

つまり大久保の側は三菱会社を基礎に新会社を作り、補助・助成政策の受け皿にふさわしい「公業」としての性格を明確にすること、そのために会社の組織や規則を改めることを求めていたのである。こうした方向で「立社ノ体裁確実ナルノ日ニ至ラバ」さらに他の汽船業者の経験者なども雇い入れて一層の発展を期すことも指摘されている。

そして最後に、社名については新旧の区別をつけるという意味をこめて、「郵便蒸汽船ノ文字ヲ冠シ」、郵便汽船三菱会社という名称とすることが提案されていた。

「新しい政商」の誕生

こうして、結果的には大久保の提案通りに政府の海運助成政策は決着し、育成の対象として三菱会社が選ばれた。第二案が望ましかった理由は、繰り返しになるが、航路に対する定額の助成金を支払う範囲に財政負担を限定しながら、有事の海運力の確保が図れること、そのため官営では心配される事業収支の欠損に伴う赤字補塡がないことであった。また、助成額の設定によって経営の合理化を促すこともできることであり、その点が官への過度の依存というこれまでの弊害除去に有効と考えられていたことであろう。「民営化」のメリットを生かして経営の合理性を追求させる狙いも期待されていたのである。その点では大隈が多額の財政資金によって推進した海運助成策と異なる新しい枠組みのなかで、岩崎弥太郎は、小風秀雅の表現によれば「新しい政商」になった（小風、一四四頁）。

この決定に対して、誰もが岩崎弥太郎が大久保に画策したのではないかと疑ったようであった。後世の歴史家の中には、政商としての岩崎弥太郎の姿をこの方針決定に投影する者がみられた。しかし、前島密によると、「当時大隈氏はよく岩崎を知り居りしも、大久保利通氏はただ岩崎氏の名前を聞く程度」であったという（『伝記』下、一三二頁）。両者はそれほど昵懇の間柄ではなかった。巨額の政治資金が動いたという話もあるが、大久保が全く財産を残さなかった人だけに、そういう疑いはあまり妥当性はない。台湾出兵の際の働きぶりが評価され「従来土佐人嫌ひの大久保利通もつひに弥太郎氏を信用するにいたった」と大隈はこの間の事情を説明している（『伝記』下、九二頁）。こうして三菱保護の方針が決まった。

2　第一命令書と経営体制

第一命令書の交付

この保護の方針が具体的に示されたのは、明治八年（一八七五）九月一五日駅逓頭前島密から交付された第一命令書である（巻末資料1参照）。

この第一命令書の前書では、「今般本邦海運ノ事業ヲ拡張セシムベキ目的ヲ以テ、別紙船名簿ニ記載スル東京丸外拾武艘之汽船及ビ是ニ属スル諸器品トモ無代価ニテ其社へ下ゲ渡シ、且其運航費助成金トシテ壱ケ年金武拾五万円ヲ給与候ニ付、左之箇條ノ通リ可相心得事」と規定された（『伝記』下、一四二〜一四八頁）。大久保は、政府には三五万円ぐらいかかると言ったが、実際は二五万円であった。三菱に対して年間二五万円という定額の航路助成金を下付して海運業を担わせたのである。

これに続く第一條は船舶の所有権について、「各船ハ下ゲ渡シタル當日ヨリ其社ノ所有ト明告」する一方で、それらを抵当とする借入などを禁じ、第二條では会社が「閉社或ハ解社」の際には船舶の返納を義務づけていた。

第三條では、乗組員に「熟練優等ノ中外人ヲ精選シテ乗組」ませること、第四條では「各船ノ船体及ビ機械等ノ修繕掃除ハ毫《いささか》モ怠ルベカラズ」と修繕等の義務を課し、政府が検査を行うことも規定した。

第六條では、上海航路を維持するとともに、「内国環海ノ定期運航ハ計算相當ヲ目途トシ、協義ヲ以テ漸次開進」すること、もし「計算不當之場所へ定期運航ヲナサシムルトキハ別ニ相当ノ助成金ヲ給与スベシ」と約束された。

このほか、第七條では、会計記録を月次で提出して検査を受けること、第十一條では「商船私学及ビ水火夫取扱所ヲ設立」して海員養成を行うことが求められたのである。

このように政府助成金と船舶の無償譲渡を前提に、政府の検査・命令権が、修繕等の適否（第四條）、会計記録（第七條）、郵便等の運送料金（第八條）、不適切と政府が判断するような事業運営の方法に関する政府の是正命令（第九條、第十條）など広範囲に定められていたことがこの第一命令書の特徴であった。

また、当初から予定されていた通り、第十三條において「平常非常ニ拘ハラズ政府ノ要用アルトキハ、右各船ハ勿論其社ノ固有船ト雖ドモ社務ノ都合ヲ問ハズ使用スベシ。然レドモ其運賃ハ時々相當ノ額ヲ拂フベシ」と政府の輸送需要への優先的な対応が義務づけられた。

兼業禁止規定と契約期間

大久保案に即してみると、以上の具体的な貸与条件や政府の権限以上に、重大な意味を持っていたのは、第十二条の規定と、第十四条以下の契約期間の定めであった。まず、第十二條では、「此書ヲ受取タル日ヲ以テ其社改革ノ第一日トナシ、夫ヨリ既往ノ会計ハ別途ニ之ヲ処分スベシ」と、それまでの営業と明確に分離すること、さらに「又将来其社名ヲ以テ他ノ営業ヲ為スベカラズ」と兼業を禁止していた。この点が岩崎弥太郎にとっては、この命令書に関して最も問題を感じた点ではなかったと考えられる。この点は後に改めてふれよう。

他方で、契約期間については、第十四條で「右ノ箇條ヲ此書ノ日附ヨリ十二ケ月間確守遵奉シテ其事務ヲ執行シ、会計簡明ニ事務整粛シ、将来事業ノ実況進挙ノ成端ヲ視ルニ於テハ、夫ヨリ以往十四ケ年ヲ期限トシ尚此現事ヲ続カシムベシ」とし、最初の一年間は試験期間と定め、その成果をみたうえで、続けて十四年間保護するかを決めることになっていた。そして、第十七条で「事業ハ渾《すべ》テ十五ケ年ヲ目途トシテ起興著手シ、必ラズ一ケ年ノ期限ヲ度トナシ姑息ノ作行ヲナスベカラズ」と長期的な視野で経営を行うことを求めていたのである。

以上のように、この命令書に従って三菱は、①郵便物及び官物を托送する、②政府の命による航路を開設し維持する、③平常非常に拘わらず政府が必要とする時は、社用の都合如何を問わず社船を徴用する、④商船学校を開設して海員を養成する、⑤会社は命令書受領の日をもって会社改革の第一日とし、既往の会計はこれと区別する、⑥新会社の名による兼業を禁止するなどの条件を受け容れて、政府の保護を受ける海運会社となったのである。

新政府は、明治八年（一八七五）九月に帝国郵便蒸気船会社に所属させていた汽船一八隻を三菱に無償交付した。六月にすでに帝国郵便蒸気船会社は解散していたが、三菱が同社を事実上吸収合併したといってよい。このとき、同社の頭取だった川崎正蔵（薩摩出身）も、一時的に三菱に移っている。川崎正蔵は、後に神戸にあった官営造船所の払い下げを受けて、川崎造船所を設立し、三菱と並ぶ造船会社に育てた人物であった。

上海航路助成金の意味

岩崎弥太郎が第一命令書によって獲得した政府の保護助成措置は、船舶の無償譲渡と上海航路や海員養成施設を設置することにかかわる補助金であった。補助金の大半は二〇万円に及ぶ上海航路助成金であり、この多額の助成金は政府による三菱に対する手厚い保護の象徴と見られている。

しかし、このような捉え方は一面的であった。政府の助成金交付によって三菱が上海航路を開設したのは第一命令書に先立つ明治八年（一八七五）二月のことであったが、後に述べるように、その後パシフィック・メイル社の航路権を買収することで、三菱は国際定期航路を手に入れた。この定期航路の運航は、日本が初めて国際郵便業務に自前で参画することを意味していた。それまで、日本の開港場にはイギリスやフランス、アメリカなどの列強が開設した郵便局が設置されていた。維新政府にとって、それは日本の独立、主権を侵害するものであり、解決すべき問題であった。安政の不平等条約改正の課題のひとつでもあった。しかし、日本が海外定期航路をもつまでは、国外への郵便物の輸送は外国船に委ねるほかなく、そうした状況では外国郵便局の施設が日本国内にあることを改める方策がなかった。

つまり、上海定期航路を確保したことは、以上のような問題を解決する大前提として重要な意味を持ち、それは外交上の課題解決の基礎をもたらすものだったのである。新政府は明治六年（一八七三）八月にアメリカとの間で日米郵便交換条約を結んで、国際郵便業務における対等な関係を切り開くことに成功したが、これが本来の意味で対等となるためには、定期航路を確保する必要があった。従って、定期航路として運航することになった「上海航路を廃止するとアメリカは上海への郵便輸送手段を失うことになり、日本は、上海航路を継続して経営する国際的責任が生ずるに至った」と言われている（小風、一三五頁）。

このような事情にあったから、明治政府が国際的な責任を全うするために航路の運航にあたる海運会社に補助金を与えることは、必要なことであった。それは先進国の海運会社であっても特段異例のことではなかった。この点はパシフィック・メイル社について後にふれる。金額が適正であるかどうかは別にして、弥太郎が補助金を受けることになった理由には、そうした側面があった。

社制改革に着手

さて、第一命令書に基づく保護・助成を受けることが定まったことに対応して、岩崎弥太郎は三菱会社の諸規則を整備し、組織を改革し、経営体制の近代化を図っていった。

大久保の方針は、すでにふれたように「三菱会社は従来弥太郎一己の事業なりしを、更らに改めて公業となし、弥太郎を以て社長の職に任し、会計を簡明にし、命令書を与ふる日を以て同社開業の第一日たらしめ」ようというものだったからである（弘松、一一四頁）。

少なくとも助成対象となるためには、会社組織を整備し、会計規則を明瞭に定めるなどの準備が必要であった。大久保が海運助成策を建議した明治八年（一八七五）五月に三菱では社制改革に着手する方針を公表し、慶應義塾から招かれた荘田平五郎などが会計規則の作成などを進めたが、それらの規則は三菱会社簿記法という会計規則や、職務章程、事務規則など広範囲にわたり、数年かけて策定されたものであった。明治一〇年（一八七七）三月に弥太郎が荘田平五郎宛てに出した手紙に「会社規則等何分にも御奮発、御編成相祈候」と完成を促しているから、公表から二年経った一〇年にはまだ未完であったことが知られる（『伝記』下、一五一頁）。

立社体裁の制定

これらのなかで、特に重要なのが「立社体裁」という総則、基本原則を示したものである。もっとも、『伝記』によると諸書が伝えている諸規則類は改定を重ねたものであるため、必ずしも当初の内容とは一致しないという。その点を留保しつつ、その内容を示すと次のようなものであった。

資料　立社体裁

第一條

當商会は姑《しばら》ク会社ノ名ヲ命ジ会社ノ体ヲ成スト雖モ、其実全ク一家之事業ニシテ他ノ資金ヲ募集シ結社スル者ト大ニ異ナリ、故ニ会社ニ関スル一切之事及ビ褒貶黜陟等都テ社長之特裁ヲ仰グベシ

第二条

故ニ会社之利益ハ全ク社長ノ一身ニ帰シ、会社之損失モ亦社長ノ一身ニ帰スベシ

第三条

前條ノ如シト雖モ会社盛大ニ相成リ利益ヲ得ル事多分ナルトキハ、一体ニ月給之幾分ヲ増加スルコトアルベシ。又会社之事業挙ラズ多分之損亡アルトキハ、一体ニ月給之幾分ヲ減少シ且傭ヲ止ムルコトアルベシ。会社ノ事業ハ汽船運用ノ一事ニ限ルベシ。他ノ商事ト混合スルヲ許サズ。又会社ノ金穀出納ハ汽船運用ノ一事ニ止マルベシ。決テ他ノ金穀ト混合シ、又ハ互ニ融通等ノ事ヲナスベカラズ（傍線部は後ちに削除された）

第四條

東京会社ヲ以テ本社トシ、其餘大阪神戸及ビ各府縣会社ヲ以テ支社ト稱シ、尚事業之盛大ナルニ随テ各所ニ出張所ヲ設クルモ、都テ之ヲ支社ト稱スベシ

第五條

役員之順序ハ管事ヲ以テ会社一般之事務ヲ総括セシメ、事務長ヲ以テ一課一店一船ノ長トシ、事務係雑掌ヲ以テ之ガ副タラシメ、小使ヲ以テ内外一切ノ使役ニ供ス　（『伝記』一五〇～一五一頁）

社長独裁制の宣言

この規則の特徴は、「全ク一家之事業ニシテ他ノ資金ヲ募集シ結社スル者ト大ニ異ナリ」（第一條）と、三菱は他から出資者を求めない、「岩崎一家の事業だ」

と宣言していることである。別の言い方をすると、会社に関するすべての権限が岩崎家の手の内にあることを明確にした。従って、利益も岩崎家のものであるし、損失もまた当然岩崎家が負うことが原則である。これが、それ以降長く三菱の経営方針となる社長独裁制と評価されるものにつながっていくことになる。

第二代目の社長になる岩崎弥之助が明治一九年（一八八六）に制定した三菱会社社則でも、「岩崎家所有の事業及び家政向き一般の事務を統括し、其の秩序を整ふるが為め事務所を設け、その称号を三菱社と唱ふ」、「当社役員の進退及び業務の執行は、細大總て社長之を示命すべし。他の役員をして決して専行するを許さず」とされている。

つまり、これらの規則によって、創立以来の有力な役員、たとえば、石川七財、川田小一郎なども従業員であり、社長の指揮命令下にあるということを明示した。初期のパートナーたちを組織の中に組み入れた三菱商会の設立時の考え方がここでも確認されている。岩崎の視野の広さとか、リーダーとしての力量が、おのずと立場を決定していったのだろう。もちろん、弥太郎自身が人材の登用には積極的であり、時代が下がれば下がるほどそれぞれの分野で人材が豊富となり、規則上は社長独裁制を明示しているとはいえ、事実としては専門経営者に権限が委譲されることになった。建前としての社長独裁と実質としての人材の登用とは矛盾なく両立していた。むしろ力のある補佐役たちが多かったからこそ、最終的な権限の所在を明示しておかないといけなかったのではと思えるほどであった。

ただし、この立社体裁の宣言には、大久保の海運助成政策が三菱に「公業」の主体としての組織への転換を求めていたことと、明らかに抵触する部分があった。つまり、立社体裁では、会社組織に改組したとはいえ三菱の事業は岩崎の個人事業だと主張しているのに対して、政府は、個人経営の組織に海運業を国策として委ねることはしないことを、少なくとも三菱を対象として選択する時点で明言していたのである。このずれはどのように考えたらよいであろうか。

しかも、第三條の後段の部分は、「兼業禁止」という第一命令書第十二條の趣旨に沿っているが、それは後に削除されている。もちろんこの削除が弥太郎の死後、日本郵船の設立後であれば問題はないが、それ以前であれば、明らかに命令条項に違反している。

面従腹背の実態

追々明らかにするように、この立社体裁の制定の意味は、政府保護下の海運事業者としての地位を得るにあたって、対外的には「公業」として私企業性を制限されることになった三菱・岩崎弥太郎が、組織変更を行ったとしても岩崎の個人事業であることに変わりがないことを明確にするために必要な文書であったように思われる。

従って、それは藩の事業から、藩士の組合事業という形式を経て三菱商会となった時点で、弥太郎が考えていた事業に対する支配権を、改めて他の商会メンバーに示しながら、岩崎家の特別な位置を明示したものであった。言い換えると、面従腹背がこの立社体裁が鮮明にした実態であった。そのため、郵便汽船三菱会社という「会社」の名前を冠した事業組織と、岩崎家の個人事業としての商会業務とはこれ以後、創業期の複雑な組織形態を特徴づけることになった。

人材重視の経営方針

組織改革のなかでその進歩性が際立っていたのが、会計制度に関する改革であった。そこでは、和式の大福帳式の簿記をやめ、洋式の複式簿記が採用された。また船の減価償却を考慮するなど、西洋式の簿記法の近代的な考え方が採り入れられていった。洋式簿記の採用例は、第一国立銀行が最初と言われているが、それに次ぐほどの早い例であった。これらの改革には、複式簿記の効用について早くから啓蒙的な役割を果たしていた福澤諭吉の門下生であった荘田平五郎が重要な推進役となった。弥太郎がこのようなモダンな会計方式の長所、利点をよく理解していたかどうかはわからない。ただ、これと見込めば信頼して任せるのが弥太郎流であった。だから、目に見えた改革以上に弥太郎が重視したのは、人材に関することであった。当初の商会業務に携わった人びとは、弥太郎同様に下級とはいえ武士出身であった。こうした旧士族出身者がかなりかかわっていたことが、実業の世界で基礎を築く上では重要であり、反面でさまざまな苦心を要するポイントでもあった。四民平等が宣言された新しい時代に適応するためには、身分制の意識の抜けきらない士族たちが、最も下位の身分とさげすんでいた商人としての処世を求められたからである。

弥太郎に心酔して部下となり、三菱の幹部として活躍することになった石川七財については、次のような逸話がよく知られている。彼はもとを質せば土佐藩の探索方であったから、町人に頭を下げる習慣がなかった。そこで岩崎は石川七財に小判の絵を描いた扇子を渡して、「人に頭を下げたくなかったらこの小判に頭を下げていると思え」と命じたという。こうした方針は、かなり徹底していたようであった。

福澤諭吉の岩崎評価

三菱が東京に進出した頃の店の様子をこっそり見に行った福澤諭吉は、「岩崎という男は噂に聞いたのとは全く大違いで、山師ではない。現在の様子では成功間違いない」と太鼓判を押している。福澤は、「店の前に『おかめ』の面を掲げ、店内に愛嬌を重んじさせているのは、近頃の社長にはない心掛けだと」と称賛の言葉を書き残している（『伝記』下、一五八頁）。このあたりから福澤と岩崎の親密な関係が始まった。もともと福澤諭吉は幕府に出仕したこともあり、薩長土肥は大嫌いだと公言するほどであったが、弥太郎のやり方には一目置くところがあったようであった。

ちなみに、「山師」という表現での評価は大隈重信の岩崎弥太郎評にも見出される。大隈は、「凡そ世上のいはゆる山師なる者は決して永遠に事業を維持するものに非ず、大概二、三年を出でずして敗るる者なり、今岩崎氏は事業を起して既に数年を過ぐ、その投機者流に非ざることを知るべし」と三菱起用の経緯を回顧するなかで表現している（『伝記』下、一〇六頁）。幕末維新の動乱期は、投機的な取引によって短期に財をなす者が多かった時代であったが、そうした人びとの不安定さに批判的な目が向けられるようになっており、弥太郎はそうした投機的な行動をとる人びととは一線を画す事業家と見なされるようになっていたということになろう。

石川に対して小判の絵を描いた扇子を渡した例が人材の意識改革であったとすれば、人材を集めるという点でも弥太郎は熱心であり、後述するように士族の子弟や学校出身者を積極的に採用した。明治九年の三菱の従業員数は、日本人一三五一人、外国人三八八人（うち船員三五五人）である。外国人の雇用数が多いが、これは蒸気船の運航には、まだ日本人の海員の技術・技能だけでは不足していただけでなく、船舶保険を付保するために国際的な海運市場では、経験のある外国人の船長・機関士の配属を求めたからだと言われている。

3　海運事業の近代化と競争

外国汽船会社に挑む

第一命令書に先立つ明治八年（一八七五）二月の『東京日日新聞』に三菱商会の広告が掲載されている。それには、上海航路を週一回水曜日上海・横浜の双方発で運行することを知らせるとともに、その運行が「乗組人は熟練せる西洋人にして、航海の安心、荷物取扱の厳重なるは申に及ばず、賄方等も至て清潔」であると、自社船の特長を宣伝している。また人種的な差別運賃を排していることも強調されている。東洋人船客に対する差別待遇は常態化していたからであろう。こうした点に誕生したばかりの日本海運業の実態があった（田中、一七一～一七二頁）。

上海航路の第一便が横浜から出航する際、その船には副社長弥之助が乗り組んだだけでなく、弥太郎自らは老母美和と一一歳になった長男久弥をつれて横浜埠頭で見送ったと伝えられる。海外航路への進出に弥太郎が心中期するものがあったことは、こうした点にも現れている（『伝記』下、二〇七頁）。

海外航路を確保することは、すでにふれたような日本の対外関係の改善という面があっただけでなく、三菱の事業の発展にとって大きなステップとなるものであった。

本当の意味での日本海運業が自立することを求めて、国内の競争相手である帝国郵便蒸気船会社を吸収合併した岩崎弥太郎の経営目標は、パシフィック・メイル社（太平洋郵船会社）を代表格とする外国汽船との競争に勝つことであった。それは同時に第一命令書による保護の前提として政府が求めていることでもあった。そのため第一の課題は、日本沿岸航路からパシフィック・メイル社を叩き出すことであった。

「地球を横絶して」世界に航路を開く

明治八年（一八七五）五月の政府助成実施を控えて述べた抱負では、弥太郎は「外国汽船会社の跳梁を排し、我国海運の自主自立をはかるためには、社員各自が国家的使命感に徹して奮励し、国民の期待に応える覚悟がなければならない」と述べている（『伝記』下、一六五頁）。また、翌年から始まるイギリスのP&O汽船会社との競争に対する方針として、「我国の貿易を発達させるためには、外国汽船を沿岸航路より駆逐するのみでは為し得ない。進んで上海より香港に航路を拡張し、さらに太平洋を横断してサンフランシスコに進出し、ついには『地球を横絶して』世界の全港湾に我が国の汽船を通じなければ、その目的を達しえない」と大雄図を展開している（『伝記』下、一七一〜一七五頁）。

嶋岡晨によると、この「地球を横絶して」という表現は、中国の古典『史記』などにみられる「四海横絶」という表現を借りたものだろうという（嶋岡、一八七頁）。従ってこの表現には、世界中の航路に三菱の旗を立てよう、という夢が込められていたのである。

しかし、その実現はそれほど簡単ではなかった。岩崎が受け継いだ船のうち、とりわけ帝国郵便蒸気船会社の船はほとんどが老朽船で、船の数は増えたが、能率は上がらなかったからである。明治一〇年（一八七七）、西南戦争の年に、太政官の依頼で三菱の船を調査したジョン・ピットマンは、当時三菱が持っていた三六隻のうち、修繕が必要なのは五隻、帆船に換えなければいけないのが六隻、全く使えないのが三隻、計一四隻がそのままでは使えないと報告している。所有船舶のなかに相当数問題のある船舶が含まれているという、大きな問題を抱えていた海運会社だったのである。

海運業態の近代的なやり方

それだけでなく、もうひとつ問題だったのは海運サービスに関する考え方の違いだった。西欧の近代的な海運業と違い、日本の海運業は、船主の商人が、港で積み荷を買い取って他地に運び、そこで売却するという方式（自己運送）が主流であった。つまり積み荷は海運業者のものであったから、船に積み込む作業や倉庫に収める作業などすべてが船会社の責任だと考えられていた。このような事業形態を弥太郎も想定していた可能性が高いことは、九十九商会から三ツ川商会にと改組を重ねていく途中に、弥太郎が将来の事業分野として貿易業務と海運業務とを明確には区別していなかったと考えられることとも符合する。佐々木誠治は「他人運送形態についても、当初の九十九商会や三川商会時代にはなお確立されてはいなかったと言えよう」と評価している（佐々木、一二三頁）。

しかし、外国会社の業態は異なっていた。外国会社との競争を通して岩崎は海運業務へと特化していく。単純化すれば、選択された事業形態は商品の売買を分離し、もっぱら運輸サービスを提供するというものであった（他人運送）。それ故、港湾内の荷揚げ業務などは別の業務として分離されるはずであったし、荷主である商人たちから見れば、船への積み込みによって取引が完結するわけではなく、遠隔地間の売買代金の決済などについても別の新たなサービスがなければスムースな取引は実現しないものであった。現在では何の疑問もないようなやり方が旧来の取引慣習に合わないことは明白であり、そのためサービスについて東京・横浜や大阪の問屋などの荷主から不満が昂じることも少なくなかった。つまり、新しいビジネスと伝統的なビジネスのぶつかりあいがあり、三菱の提供する海運業務の新手法に対しては抵抗が強かった。

二百有余年の旧慣を改める

幕末維新期になると、伝統的な海運業から脱皮して、半ば「他人運送」といってもよい形態のサービスも生まれてきていた。しかし、海運業務に特化することは船に要する多額の資本投資を必要とするために、商人的な利益を上積みできる「自己運送」が有利であったから、転換はなかなか進まなかった（佐々木、三五頁）。蒸気船を主力とする三菱は、運航のスピードが速く、その分だけ資本回転率も高くなるから、特化しても十分な収益性が見込まれたが、それは商慣習の「革新的な変化」を必要とした。そのため弥太郎は、「二百余年の慣習を改め、商界の悪弊を一掃するは、実に至難である」と嘆いていた（『伝記』下、一八七頁）。

岩崎弥太郎は、そうした商習慣を改めるために、船荷証券を発行して荷主に資金を提供する為替業務を開始するなど付帯業務をそれぞれ独立の仕事として提供する形で、荷主の心をつかもうとした。

また、荷扱いについては、すべて会社のスケジュールによることとし、荷主がみだりに荷物の船積み、船下ろしなどに介入できないようにするなど、海運事業の合理化・近代化を図っていた。この数年間は三菱にとって模索の時代であった。船舶のスピードアップと定期運航は蒸気船の長所を生かすうえで不可欠であり、多少とも運賃は高くても荷主の利益にもなるはずのものであった。

しかし、それが後に問題になった。それは、政府の政策が変化して競争相手が出てきたとき、三菱の立場を悪くする原因にもなったからである。つまり、弥太郎は積極的に伝統的な問屋たちと闘って、彼らの仕事のやり方を変えさせようとした。変えさせようとしたがゆえに、相手方にとっては不満がかなり鬱積した。しかし、外国汽船会社を除いては、蒸気船で素速く荷を運んでくれるのは三菱しかない。やむを得ず三菱のやり方に従う、というような気持ちが残っている。もし代わりの業者ができたときには、そちらへ移りたい。そういう状態が作り出されていった。

パシフィック・メイル社との競争

そういうなかで、まずアメリカのパシフィック・メイル社との競争が始まった。

同社はアメリカ海運業界の代表的な存在であり、サンフランシスコ・上海航路を慶応三年（一八六七）に開設し、横浜・神戸・長崎に明治三年（一八七〇）から開始していた。台湾出兵に際して維新政府が、その輸送業務の委託を打診したことからもわかるように、その海運会社としての実力はよく知られていたし、上海航路を例にとると、三菱が就航させた船舶は、「東京丸」二二一七トン、「新潟丸」一〇九〇トン、「高砂丸」一〇一九トン、「金川丸」六〇六トンの計四隻四九三二トンに対して、「コスタリカ号」一九一七トン以下四隻六七六一トンとかなりの開きがあった。

しかも、三菱の船の翌日出航の船舶が三菱の顧客を奪いえたということから見ても、両者の競争力には差があると見られていた（佐々木、一四一〜一四二頁、『日本郵船株式会社五〇年史』、一四頁）。その意味でかなり大胆な挑戦であったということであろう。

競争の中心となった神戸・横浜間では、旅客運賃が上等二五円、下等一〇円が、それぞれ一〇円以下、三円五〇銭に引き下げられ、もっとも激しかった時期には上等が五円という水準になったと言われる（佐々木、一四六頁）。激しい値下げ競争であった。

パシフィック・メイル社側の事情

三菱にとって幸いだったのは、パシフィック・メイル社も経営難に陥っていたことである。この会社は、当時アメリカで、かなり多額の政治献金（裏金）を使ったことが問題になっていた。アメリカ政府は、批判に応えて、やむをえず助成金の削減方針を出した。太平洋航路開設に多額の助成金を得ていたパシフィック・メイル社にとっては、大誤算であった。明治七年（一八七四）から八年にかけての時期、三菱の上海支店などの報告では、パシフィック・メイル社の人気が低下し「哀れ気の毒の態にて候」と報告されるなど、競争相手から同情されるほどの惨状だった（『伝記』下、二二五頁）。

当時の『東京日日新聞』には、「英人某」の名前で、次のように同社が日本政府と密かに撤退に伴う交渉をしていたことが伝えられているという。

日日新聞記者足下、足下は既に今週のヂヤパン・メール號新聞を一読したりや。其郵船に係るの一條は、最も緊切の件なりと思はる。日本政府（大蔵省）は、現に今横濱より上海に通航する太平海《ママ》郵船会社（アメリカ四番の飛脚船）の旧船を買求むることに付て、思案最中なりと信ず。今ま《ママ》三菱商会の諸船は、上海の通路を初め《ママ》たれば、さなきだに衰兆を帯びたる太平海郵船の支線は、何ぞ能く永きを支ふるを得んや。数月の後には必ず零落の状を現はすべし。日本政府若し此数月を待たば、彼の郵船を此方の思ふ値段に買取る事を得べきは必定也。矧《いは》んや近時米国の新聞に拠りて参考すれば、同国の新約克《ニューヨーク》府に在る太平海郵船会社本局の処分に於て、大なる葛藤を生じ、信を米人に失ひしのみならす、桑港にては、彼の郵船の強敵たるべき新会社を設くるの企あり

（田中、一七六頁）

このようなことから、パシフィック・メイル社は、上海航路に使っていた四隻、さらに神戸、長崎、横浜の支店の建物や倉庫を、総額七八万ドルで三菱に売却した。そして以後三〇年間、パシフィック・メイル社は日清間の航路と日本沿岸航路には進出しないという協定を明治八年（一八七五）一〇月に結んで、事実上、日本沿岸航路と上海航路から撤退した。

こうして三菱は沿岸航路だけではなく、上海航路も確保し、三菱の日本沿海の海運市場での独占的な地位が明確化していった。

P&O汽船会社の日本沿海進出

ところが、一息ついたのもつかの間、明治九年（一八七六）二月に日本・上海間航路に、イギリスのP＆O汽船会社（Peninsular and Oriental Steam Navigation

Company、以下P&O社）が航路を開くことになり、同社との競争を目前にして三菱でも重大な覚悟を決めざるをえないと感じられるような、大騒ぎとなった。パシフィック・メイル社との競争では挑戦者の立場にあった三菱は、強大なイギリス海運業者から挑戦状を突き付けられたのである。この新しい競争相手の出現によって浮き彫りになった問題は、このP&O社が上海・日本間の航路を開設しただけでなく、阪神・東京間に航路を開こうとしたのに対して、この参入を歓迎して、大阪の有力な荷主たちは同社に流れてしまう状態になったことであった。

この背景には、間違いなく三菱に対する潜在的な不満があった。『三菱社誌』は、三菱の社員が「傲慢驕尊ニシテ人ヲ見下シ」、「官府ノヨウナル有様」と批判されていたことを記録している。かつての帝国郵便蒸気船会社に対すると同様の批判を郵便汽船三菱会社も受けるようになっていたということになる（『社誌』第三巻、一三九頁）。こうした不満から大口荷主がP&O社に大きく流れたため大打撃を受けたと『伝記』に記されている（『伝記』下、二二〇頁）。

この時の競争も専ら船客運賃の引き下げという面に端的に現れた。運賃の引き下げは、パシフィック・メイル社の時と同様に、神戸・横浜間で上等二五円、下等一〇円が、それぞれ一〇円、三ないし四円となり、さらに五円、二円五〇銭と、二割の水準まで低下した（佐々木、一六九頁）。

P&O汽船会社の進出理由

田中惣五郎は、P&O社が「突然航線を内海に開きたるは、固より本社の決議に由りしには非らずして、横浜、香港にある支社の権謀に出で、三菱を恐嚇して其の老船を売り付けんと企て、若し売船の策を行ふことを得ずば、徒に之を諸港に碇泊せしめんよりは、航海せしむるの勝るに若かずと考へ」たという観測を紹介しながら、P&O社の敗退について横浜の英字新聞『ガゼット』の慨嘆ぶりに注目し、三菱の独占的な状況についての挑戦という面もあったと推測している(田中、一九三～一九四頁)。

ところが、小風秀雅は、この上海航路から日本沿岸航路への進出はP&O社の重役会で議論された記録がなく、「さほど重大事ではなかった」と指摘している(小風、一三六頁)。小風によれば、P&O社が本気で日本航路進出を考えていたとは思われないということになり、それ故、「三菱にとって、P&Oとの海運競争は、航海数、使用船舶から見て、三菱の存亡を賭けた激烈なものであったとは考えにくい」と書いている。ここまでは田中の推測とも矛盾はない。ただし、小風によれば、この新規参入の背景には日英外交の懸案となっていた日英郵便交換条約の締結問題があったという。すでにふれたことに重なるが、イギリス側はP&O社の上海航路進出を日本との郵便交換条約交渉を有利に運ぶために、日本政府に圧力をかける手段として画策したものだったのではないか、というのである。これが正しければ問題の焦点は外交問題であり、それにもかかわらず日本側は、とりわけ三菱は過剰反応したことになる。

弥太郎の非常事態宣言

岩崎弥太郎は、この状態に対して、非常事態を宣言して、社長は五割、管事以下の主要役員は三分の一の給料を減額し、さらに経費節減等で対応しようとした。ところが、そんなことをしてもとても無理だというのが、日本側のおおかたの人の見方であった。それほどP&O社の脅威は当時の日本人には大きく映っていた。例えば、当時、幹事の一人であった川村久直は、「P&O汽船会社と競争するのは無理だから協調の道を探れ」と弥太郎に進言した。しかし弥太郎はこれを拒否したので、「これでもう三菱は潰れる」と言って退社した。このように三菱側には危機感が募っていた（『伝記』下、二二一頁）。

このP&O社との競争に対する起死回生の策として弥太郎が打ったのが、荷為替金融であった。三菱に回漕荷物を預けた者に対して、その荷物を担保に荷主に資金を貸すことにしたのである。この金融業務の裏付け資金について岩崎・三菱に用意があったわけではなかった。P&O社と三菱の競争の帰趨を重大視していた政府が岩崎に低利資金（毎航海あたり年利七％で五万円）を貸し付けたのである（小風、一三八頁）。この資金によって三菱は荷為替金融業務を開始した。荷主に対するサービスとしては好評であった。

それだけでなく、政府は、三菱利用者に対する鉄道輸送上の特典を与えたり、汽船利用者に対して外国船利用の場合には許可手続を厳重にして手数料までとるという措置を実施した。日本船に乗ろうとする人はほとんどフリーパスであったというから、外国船にできるだけ客船利用者が流れないようにという、相当露骨でなりふりかまわない保護政策であり、イギリス公使パークスから抗議を受けたほどであった。こうした保護政策もあって結果的には明治九年（一八七六）九月に、進出七ヵ月でP&O社は日本沿岸から撤退することになり、三菱の航海権が確保されることになった。

競争の舞台裏を支える外資排除政策

政府が懸命に三菱への保護措置をとった理由については、この時期の明治維新政府が外国資本の流入に敏感になって警戒していたことを指摘できる。たとえば、三菱の石炭鉱業の中心的な事業所になる高島炭坑は、もともとはジャーディン・マセソン商会が資金を出してグラバーが実質的な経営権を握っていた。これを、政府は強引に取り返すことになる。そのために外国人が日本の鉱山を経営することを、明治維新政府は新たな鉱業法制を制定して禁止した。神奈川・新橋間の鉄道敷設権も、外交交渉を通して回収した。また、この当時、外国人は、条約の定めによって開港場に設けられた居留地と、その居留地周辺でしか行動できないことになっていた。つまり、商売のために、たとえば生糸買い付けに産地の諏訪に行くことは、横浜の外国商人には許されていない。この制限が撤廃されるのは明治三二年（一八九九）のことで、開港から実に四一年も経ってからである。つまり、それまで日本は外国に対して、事実上経済的に鎖国を続けていた。貿易は行われているが、人と金は入れないという徹底的な外資排除政策をとっていた。そういう外資排除政策の一環としてみると、三菱を育てて日本の海運権を守ろうとしたことは、この時代の政府の基本方針に沿うものだったのである。

付け加えて繰り返せば、そうした視点から見ると国際郵便業務について列強の郵便局が日本国内に拠点をおいて取り扱っているという事態も排除されるべきであったことは言うまでもない。上海定期航路の確保が日米郵便交換条約に実質を与えることになったにもかかわらず、P&O社を仕向けて日本の条約交渉締結交渉に圧力を加えようとしたイギリスは最後まで抵抗した。しかし、日本は明治九年（一八七六）五月に万国郵便連合に加入することでこの問題については国際的な対等性を回復した。弥太郎の活躍はこうした国権回復、対外自立にも寄与していたからこそ、新政府の手厚い保護が受け

表5　明治前期の銅山生産額

（1000斤）

	別子	吉岡	足尾	草倉	荒川	尾小屋	全国合計
明治元年	703	83					
3年	790	41					
7年	818	222					3,512
8年	930	183					3,998
9年	856	21					5,303
10年	1,348	129	93	155			6,571
11年	1,715	19	83	181			7,094
14年	1,241	91	289	318	502	38	7,953
16年	1,708	123	1,090	1,694	407	280	11,291
18年	2,512	612	6,886	1,719	392	427	17,568
20年	2,444	487	4,968	1,337	650	864	18,440

（出所）武田晴人『日本産銅業史』31頁。

られたのであった。

弥太郎の勝因は　岩崎弥太郎は、こうした保護政策と自らの経営的な努力とによって勝ち残った。三菱はこれまでだと言って退職した川村は、「岩崎は計算ができない人なんだ。計数からすれば、もともと三菱は倒れていたはずだ、ところが天が見捨てなかった」と回顧しているという（『伝記』下、二二六～二二七頁）。この前後の事情に関して『伝記』によると、三菱の幹部の一人であった近藤廉平が、当時、吉岡銅山の業績がよかったので、岩崎はP&O社との競争に勝てるという目算があったのではないかと推測していたことを紹介している。吉岡銅山は岡山県にある銅山で、表5のように、当時の日本の銅山のなかでは、別子銅山に次ぐ二番目に大きな銅山であった。ただ、明治九年（一八七六）には産額が急減して経営状況は芳しくはなかったので、近藤廉平の話には信憑性は薄い。もちろん前年までの利益の蓄えがあったということかもしれないが、その点を裏付ける史料には乏しい。

この吉岡鉱山の買収について近藤は、「予は、岩崎社長に鉱山事業の有望なるを説き、大に勧説する所ありたるが、社長亦予の意見を容れ、且つ曰く、自分は一家の事業として将来益々鉱山事業に力を致さんと欲す。最近、生野、佐渡両鉱山払下を其筋に願出置きたり。折角其方を洋行せしめんと思い居たるも、鉱山事業の為め、社業一層繁を加ふるに由り、今之を実行する事難し」と伝えている。関心はあるが、社業が忙しく今はその時期ではない、というのが弥太郎の判断ではあった（田中、一六一～一六二頁）。だから、近藤の話しぶりは鉱山の有望性に早くから着眼していた自らの貢献をオブラートに包んで自慢したとも聞こえるものだった。

第五章　西南戦争と三菱の海運独占

1　西南戦争による飛躍

外国汽船会社の衰退

岩崎弥太郎は、内外の有力海運業者との競争に勝ち抜いていった。勝ち抜いただけでなく、荷為替金融を始めるなどのサービスによって荷主の心をつかみ、確実に市場の覇者となっていった。しかも、この海運事業から派生した付帯業務が金融業へ進出するきっかけにもなり、海上保険、倉庫業など、のちの三菱財閥の主力事業の芽も育てていった。

P＆O汽船会社との競争の後、明治九年（一八七六）から一〇年にかけて、三菱は日本の沿岸航路の貨物輸送の七割以上を独占する。この競争の結果については、山口和雄が「外国船によるわが開港場間の沿岸貿易も明治八年頃を境にして衰退した」と結論しているのに対して若干の論争があるが、高村直助の研究によって基本的には山口の評価が正しいことが確認されている（高村直助『再発見明治の経済』第三章)。

「勝利は祝賀すべきか」

このようななかで、明治九年(一八七六)八月、弥太郎は社員に対して、外国海運会社との競争をふりかえりながら、「勝利は祝賀すべきか」と、社員に演説し、問いかけたと伝えられている(田中、二〇三〜二〇五頁)。

すなわち、P&O社の出現に多くの人たちは心配していたが、弥太郎としては、それを「憂とするに足らず、以て喜ぶべきと」考えていた。それは、パシフィック・メール会社との競争に勝利して「社員が勝に狃れて…事業の退歩を招んとを恐れ」ていたところに現れた新しい競争相手であり、その結果として「我社の進取を奮起せしめたるを以て、我社の基礎を堅固にせしめた」からである。従って、このふたつめの勝利を喜ぶべきか、それとも将来を見据えて憂慮すべきだろうかと、社員に問いかけたのであった。

こうした考え方に立って弥太郎は、将来の計画として香港やサンフランシスコに航路を開くこと、そのためには社員一同「益々我船舶を堅くして、我駕駛を快にし、運賃を適当にし、接待を懇切にし、荷物の運搬に注意し、日清の貿易を盛大にし、中外人民の信依を厚するに在り」と一層の経営努力を求めたのである。

第二命令書交付

この間、明治九年(一八七六)九月に第二命令書が明治維新政府から三菱に交付された。その内容は、第一命令書にあった一年の試験期間の成績を評価し、一五年間の助成を再確認したものである。ただし、この後、明治一〇年(一八七七)七月に、三菱は、政府から無償で下付を受けていた汽船三〇隻について船舶冥加金一二〇万円を五〇ケ年年賦で上納することを申し出て認められた。従って、事後的には、船舶の無償下付ではなく、三菱が買収したことになった。弥太郎が政府から独立しようという気概を示していたともいえよう。

西南戦争の軍事輸送

こうした措置は、明治一〇年（一八七七）の西南戦争による軍事輸送で三菱が再び政府の御用を引き受け巨額の利益を手にしたことに基づいている。三菱の事業発展にとって、この西南戦争における軍事輸送は、二つの面で大きな意味をもった。この点は、前掲表3および表6と表7から明確に知ることができる。

第一の面は、言うまでもなく、巨額の運航収入、利益をもたらしたことである。明治一〇年の三菱の船舶運行収入は、合計で約四四三万円であったが、そのうち西南戦争に関係して政府から支払われた海上運賃は約三〇〇万円で、全体の三分の二を占めた。同年末の三菱の貸借対照表では、この年の利益額は約一二〇万円であり、三三三万円相当の船舶を所有し、政府から二八六万円を借りている状態が記録されている。明治一〇年末に新たに計上された一三三万円の借入のうち一二〇万円は、すでに記した五〇ケ年賦での上納を申し出た分にあたると思われる。そして西南戦争での新たな船舶購入に伴ってさらに借入金が増加したのであろう。このように収入の急増の一方で、借入依存度の増加という財務的には懸念すべき要素を伴っていたかに見える。しかし、政府からの借入金は五〇年期限という超長期の借入であるから、それほど心配すべきことはなかったし、特別の便宜をはからってもらって後に完済のかたちをとっている。この点については改めてふれることにしよう。

表６　郵便汽船三菱会社の主要勘定

（1000円）

年次	収入			利益	資産合計	船舶代価	借入金
	助成	運賃	計				
明治９年	320	1,811	2,345	309			
10年	263	1,163	4,447	1,218	3,651	3,329	1,334
11年	267	2,543	2,900	△506	2,813	2,547	2,861
12年	281	2,814	3,288	293	3,675	2,304	3,102
13年	286	3,690	4,431	692	2,851	2,102	3,071
14年	281	4,589	5,882	797	3,811	2,098	2,945
15年	280	4,050	4,870	561	3,118	2,429	2,964
16年	278	3,158	3,736	△ 45	2,963	2,103	2,814
17年	269	2,468	3,023	△217	3,020	2,100	1,616
18年	201	1,682	2,967	△　6	5,189	3,966	1,435

（出所）旗手前掲書及び小風秀雅『帝国主義下の日本海運』による。

表７　郵便汽船三菱会社の汽船所有状況

（登簿トン，％）

		100トン未満	100～300トン	300～500トン	500～1,000トン	1,000トン以上	計
全　国	隻	235	25	15	11	12	298
	トン	8,204	4,772	6,405	7,527	14,136	41,044
三　菱	隻	3	5	6	11	12	37
	トン	141	1,115	2,426	7,710	14,056	25,448
三菱の比率	隻	1.2	20.0	40.0	100	100	12.4
	トン	1.7	23.4	37.9	102.4	99.4	62.0

（出所）　小風前掲書167頁。

第二の面は、保有船舶量の増加であった。西南戦争で三菱は全社船をあげて軍事輸送に協力したが、それでは不足するとの判断から、新規に七隻を購入（前掲表3で一〇年中購入のうち一〇〇〇トン以上のものが該当する）した。この資金については、同年六月に政府から追加的に八〇万ドルの資金の融資を受けた。

七〇万ドルの政府資金

この事情について、『大久保利通伝』では、「明治十年に至りて、西南戦争起り、諸般の運搬に船舶を要するに及び、三菱会社は、上海、香港の航路に用ひし船舶の外は、悉《ことごと》く其船舶を挙げて軍事の用に供えたり。之が為に内地沿海の運輸は殆んど停止せられ、非常なる不便と困難を来せり。茲《ここ》に於て同年六月に至り、岩崎は再び嘆願書を政府に提出して曰く、戦争平定の日、未だ期すべからず、更に五六隻の汽船を購入するにあらざれば、到底沿海の運輸を営み、政府の用を弁じて支障なからしむること能はず。希《こいねが》くは猶七八十万円の官金を借用して、船舶購入に充てんと。政府に於ては、国家非常の時に際し、其事情また已むを得ざる時なりとて、遂に洋銀七十万弗を貸与せしより、三菱会社は更に十隻の汽船を増加し、戦時に於て、一面軍事上の輸送力と一面航海貿易とをして、更に遺憾なからしめたり」と書いている（入交、一四〇～一四一頁）。

かつて帝国郵便蒸気船会社が台湾出兵に際して、一般顧客へのサービスが低下することをおそれて政府御用への協力を断ったことがあった。警戒すべき競争相手がいなくなっていたこと、台湾出兵後も、江華島事件（明治八年九月）、萩の乱（九年一〇月）などと引き続き第一命令書に従って政府の徴用に応じていたことなどから考えれば、西南戦争において三菱が輸送業務を引き受けることは当然の成り行きであった。しかし、弥太郎は、これを機会に一般顧客へのサービス低下を懸念するという理由を申し立てて政府から資金を引き出し、船舶の充実の好機に転じた。こうして三菱の海運隊は、二度目の大きな飛躍を記録することになった。その結果、表7のように三菱所有船舶は、とりわけ国内に保有されている五〇〇トン以上の汽船においては、完全に独り占めの状態となった。

旧来の商慣習を改める好機

それだけでなく、圧倒的な輸送能力を整備する一方で、戦時の輸送のために海運サービスの市場では、いわば「売り手市場」になったことを利用して、弥太郎は、懸案となっているサービス形態についての荷主の抵抗を打破しようとしていた。『伝記』の紹介するところによれば、「今般大船五艘買入の主意は、西南の御用相勤め候は勿論、其外人民の便利もつけさせ候見込にて有之、即ち京阪間其他勢州初め函館迄の航路、旧来の悪習慣を今この時に掃除不致《いたさず》ては不相成儀に付き、呉々もこの好機会を失せざる様、御地の掛け引肝要と存候。徐々に我規則へはめ込候事至良の策と存候。今般の好機会をズルズルベッタリ従前の我儘《わがまま》通りに扱はせ置候ては、前途とても整粛の規則は行ひ候事出来《でき》申《もうし》間敷《まじき》と存候。彼是御注意必ず御油断なく、果断奮発の御執計を企望なり云々」と指令した書簡を送っている（『伝記』下、二五七〜二五八頁）。弥太郎の目は、目前の政府御用を如何に果たすかだけではなく、平時にもどったときの事業経営を見通しながら、この機会を利用するというものであり、船舶の購入もそうした意図に基づくものであった。

帆船業者と「西郷まぜ」

徴用による船舶の不足は、たとえば北海道航路などでは、東北各港で滞貨が発生したことが明らかにされている（市川大祐「三菱の海運経営と北海道航路の展開」一八二頁）。

そのため困惑した荷主や取次店では風帆船を借り入れて輸送することを三菱に申し入れたりしている。それは、小規模な帆船業者にとってはチャンスの到来であったということもできる。いまだ沿岸航路では伝統的な大和帆船が数多く活動し、蒸気船などの運航と補完的な関係を保っていたから、船舶の速度や定期的な運航に対する天候などの条件の制約などに目をつぶれば、風がなくても出港できる蒸気船にもある程度は対抗することもできたかもしれない。そんな競争相手が潜在的にいることをにらみながらも弥太郎は、積極的に取引慣行の革新を、この機会に断行しようとした。

偶然のことだが、西南戦争の最中に七〇日余り南風が吹き続け、「完全に旧式の大和帆船の活動を停止せしめ、その非能率・無用性を実証し、これとは相対的に西洋型帆船の能率性・優秀性を明示するにいたった（佐々木、四四頁）といわれる。この南風は、「西郷まぜ」とよばれた。南からの風は、西郷隆盛の上京には追い風にはならなかったが、弥太郎にとっては偶然の恵みとなった。こうして、この西南戦争を契機に三菱の海運事業の支配的な地位は一段と強まっていった。

きわどい立場

もっとも、政治的な面から見ると、弥太郎はきわどい立場にあった。土佐出身の維新の功労者たちのなかで、大久保と意見が合わず明治八年一〇月に辞職していた板垣退助などは下野してはいるが、武力ではなく自由民権運動につながることになる企図をもって、言論での復権を目指していた。西南戦争勃発の報が伝わった時、板垣・後藤象二郎・林有造などは土佐派の方針として「この際我等は民権拡張の論を以って政府に当り、もし政府が我等の説を容れないならば、我等も亦武器をとって起《た》つべし」との合意に達していたという（『伝記』下、二四三頁）。しかし、西南戦争に連動して直ちに挙兵を企てる動きもあった。その中心にいたのは右の合意にも加わっていた林有造で、彼は岩崎に公債証書一五万円相当の換金を依頼し、これによって外商から武器を入手しようとした。また、林に対して岩崎は「汽船を貸すことはできないが、腕力で奪い取るなら、致し方ない」と暗黙に了解を与えたという説も伝えられている（『伝記』下、二四六頁）。

ただし、この話も弥太郎の事跡についてフィクションが多い、南海漁人の伝記だから信憑性は必ずしも高くない。ただ、この話がもっともらしく聞こえるのは、政府側の軍事輸送を担う岩崎にとって、その事業の発祥から考えても土佐との関係は簡単には割り切れないものであり、廃藩後の独立の際に何かと関係の深かった林が相手であったからであろう。それだけに、とりわけ難しい対応を迫られた。それだけ危険な要素をはらむものであったということができる。

しかし、林の企ては事前に発覚し、林は捕らえられて禁獄一〇年となった。この企てに連動して紀州で挙兵を企てたのが、元海援隊士で日清戦争の際の外務大臣となる陸奥宗光であった。陸奥も同様に捕らえられ禁獄五年の刑に服することになった。弥太郎がこの事件への関係を問われたという記録はない。政府が疑惑を持ったとしても、西南戦争の軍事輸送に果たした功績を考えれば、追及することはなかったであろうが、おそらく弥太郎は、林有造らとは一線を画していたのである。

2　海上の覇者

三菱の海運独占

こうして西南戦争後になると、三菱は日本の海運業界に揺るぎない地位を確立させた。弥太郎は、西南戦争の兵員輸送に関する功績で勲四等に叙せられた。実業家に対する栄誉としては初めてのものであった。外国汽船会社との二度にわたる競争という経営危機を乗り切る際に、「勝利は祝賀すべきか」と問いかけて、自ら手綱を締めることを忘れなかった弥太郎も、さすがにこの破格の恩典には驕りが生じたものか、母美和から諌められたという話が残っている（『伝記』下、六五三頁）。

明治一三年（一八八〇）現在で三菱が運航する航路は、日本の沿海と上海・香港・釜山・ウラジオストックなどの近海の外国航路を含むものとなった。その中でも運行回数でいえば、常に競争の焦点となった神戸・横浜間をはじめ、神戸・長崎、横浜・函館、長崎・上海、函館・青森などでは多頻度の運航が実現されていた。

これらの航路に対応して、明治一四年（一八八一）の調査によれば、前掲表7ですでにふれたように、三菱は日本国内の船舶のうち、大型の船舶はほとんどすべてを所有していた。前掲表2によると、同じ年の総所有船舶数は六一隻で、表7に示されている汽船以外の船舶もあったようだが、それを勘定に入れなくても圧倒的な地位であったことは間違いなかった。

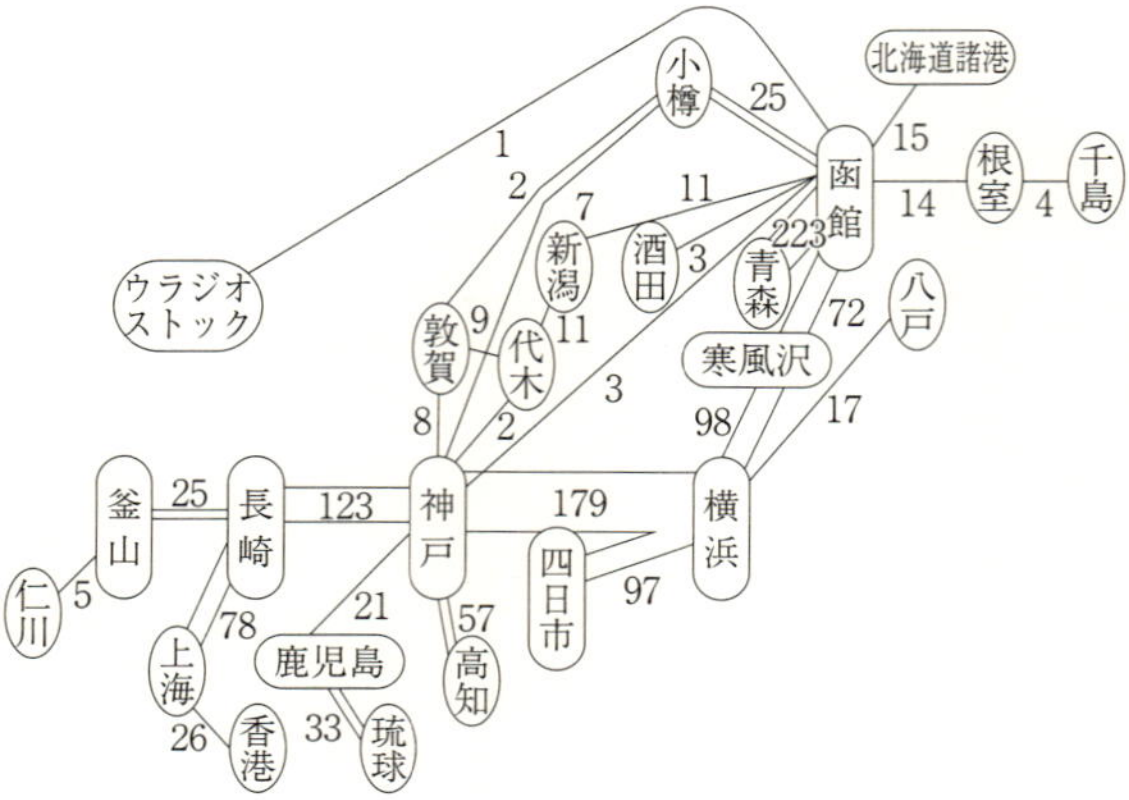

三菱会社の配船図

（出所）小風秀雅『帝国主義化の日本海運』，166頁。

巨額の利益

また、表6のように、明治一四年あたりでは、年間で七〇万円前後の巨額の利益をあげる大企業に成長している。比較は難しいが、政府が西南戦争で費やした軍事費の総額が四一五六万円、全国の銀行の平均払込資本金が国立銀行で三〇万円弱、私立銀行では一〇万円強の時代の、年額七〇万円の利益計上であった。

このような好成績は、蒸気船による海運業の利点が大きく貢献していた。汽船の優位性は、先ずそのスピードにあり、横浜・兵庫間で汽船三六時間に対して、和船二〇日以上という航海日数の差があったといわれる。また、天候などに左右されず、冬季の配船などが可能であるために、日本海側の米穀の出回り期に威力を発揮したからである（小風、一六八頁）。

荷主・旅客確保の必要

しかし、その他を圧する順風満帆の三菱の海運事業拡大も長くは続かなかった。

問題はいくつかあった。一つは大規模になった海運隊に対して、十分な荷主旅客を確保することができるかどうかという問題であり、もう一つは物価の上昇であった。いずれも西南戦争が遺した遺産であった。

前者について弥太郎は明治一一年（一八七八）四月の社内に向けた「諭告書」において次のように述べている。

去歳西南事アリ。我船舶挙ゲテ悉ク軍用ニ供セルヲ以テ、貨物ノ運輸渋滞便ナラズ嘆声間クニ忍ビザル者アリ、貿易ノ衰萎亦悲ムニ堪ヘタリ。而シテ本務ノ已ム可ラザルヤ決然一百余万円ノ負債ヲ起シテ新タニ汽船ヲ購求シ、以テ一時公私ノ便益ヲ保持シタルモ戦役已ニ畢《おわ》レバ搭載貨物ハ少フシテ、船舶ハ多キヲ加ヘ貨物ハ運輸シテ足ラズ、船舶ハ供給シテ余リアリ、勢ヒ損失ニ帰セザルヲ得ズ。而シテ亦他ノ損失ヲ併セテ尽ク自カラ之ヲ負担セザル可カラザルモノアリ。（市川、一八六頁）

船舶の過剰傾向に弥太郎はかなりの危機感を募らせていた。

他方で、後者の物価上昇については、西南戦争による厖大の戦費が政府の不換紙幣の発行によってまかなわれたために、戦後になるとその価値が下落してインフレが顕在化したことの影響であった。銀貨に対する不換紙幣の価値の下落のために、円紙幣で支払われる運賃が実質的に低下し、海外航路などの経費を銀で支払う三菱にとっては苦しい状態となった。そのために、海外航路に対しては運賃を改定し、紙幣ではなく銀貨で支払うことを荷主や顧客に求めるなどの措置を講じた。それは、紙幣価格の下落に対応したという限りでは、運賃の引き上げ策ではなかったが、名目的に顧客が負担する円で換算した運賃は上昇せざるをえないものであった。ただし、この措置は、海外の各港と結ぶ航路に限られた措置であったから、国内沿岸航路については適用されなかった。

三菱批判の芽生え

弥太郎のこのような方針にもかかわらず、運賃については高すぎるとの批判が次第に強まっていった。その内容は、銀貨による運賃徴収があらゆる航路に採用され、三菱がそれによって不当に高い運賃を請求している、それは独占的な地位によるからだというものであった。事実に反するものであったが、このような見方がしばしば新聞などを介して報じられ、三菱批判を煽った。誤解に基づいていたというよりは、後述するような明治一四年政変後の国内情勢のなかで、作為的で悪意のある報道による面が強かったが、人びとはそうした批判を確かめるすべもなく、受け入れていた。また、『明治日報』という新聞は、外国の沿岸航路運賃と比較するという角度から、東京・新潟間とほぼ等距離の香港・サイゴン間の米一石当たり運賃は銀貨換算で三菱が二倍以上であったことなどを指摘していた（佐々木、一八七頁）。

そして、こうしたなかで唯一の蒸気船運航業者としての独占的な地位によってこの問題を克服しようとする試みが、三菱に対する批判を強めていくことになった。

佐々木誠治は、「他人運送形態として独立専門の海運業を営んだ三菱会社が、一度《ひとた》び政府と結びつき、戦争を機として巨大の利益と多数の船舶を収めるに至るや、忽《たちま》ちにして、独占的地位を築き上げ専横を極めたというのは自然の成行きであつた。三菱会社がその海上運送上に占めた絶対的勢力を本として、倉庫業、為替業、海上保険業等関連業務を兼ね、海上輸送に伴う一切の独占利潤を吸収する態勢を整え、旅客を旅客として遇せず、荷主を荷主として応待せざるのみか、紙幣と洋銀との値差を利用して運賃の洋銀建支払を一方的に強要してあくなき利潤獲得につとめる等々、その傲慢と尊横はまさに伝説的である」と厳しい評価を下している（佐々木、一八四頁）。

「日本大回り」の完成

このような厳しい批判が生じた背景を追ってみよう。

航路の充実は、西南戦争以前から進められていた。明治八年（一八七五）二月に、まず、横浜から寒風沢を経て函館に至る北海道航路を開設して日数一八日で往復することとし、同年五月に函館支社を開設した。また、「翌七六年四月には大阪から西回りで函館に達する航路も開かれ、一方で東回りの横浜函館線も函館から船川（秋田県）、新潟、伏木、敦賀まで延長し、いわゆる「日本大廻り」を完成」させた（市川、一八一頁）。

このような動きは、しかし、西南戦争の勃発によって中断を余儀なくされた。もともと北海道航路は、貨物の季節変動が激しく、定期船の運航が難しいこともあるなどの問題も残っていたから、それらの問題に対処しながら北海道航路に本格的な定期運航が定着するのは、西南戦争後のことであった。それは、西南戦争時に購入された過剰船舶の運用先として期待されたからである。市川大祐の紹介するところによれば、「岩崎弥太郎は、戦時中に和歌浦丸、熊本丸をはじめ大型船の購入を行ったが、予想に反し短期終結したため、これら発注した船舶が到着する前に、船舶の余剰が明らかになった。前島によれば『石《さすが》の岩崎氏も一時大に困却し』ていた」という（市川、一八五頁）。そのため、日本海側の越後や越中の米価が東京や大阪に比べてかなり安いことに着目して、その輸送に進出して利益を得ようとしていたという。これが戦時に購入した大型船を用いて北海道航路に進出する意図であったという。北海道航路を幹線として育てることは、「日本大回り」を軌道に乗せるために不可欠であったということであろう。

この北海道航路については、近藤廉平が「去十一年三菱会社の北海開航以来、交通の便始めて備はりしより、人心沛然として北に向ひ農に商に移住する者毎月百を以て数ふるに至る。是より商界の景況一変せり。加之三菱が一たび荷為替の便を興せしより、枯葉の雨を得、渇者の水に遇うふ如く、商況の活発旺盛復た前日の比に非ざるなり」と報告している（田中、二二四頁）。翌一二年六月には新政府が北海道開発のために設置していた開拓使庁から青森・函館間の航運を委託され、二〇〇〇円の年額補助金を受けて両港から隔日便での運航を開始した。「大型汽船による輸送量の増加、運航の迅速、時間の正確、貨物取扱の事務能率の向上は、青函連絡に一時期を画するものであった」と言われている（『伝記』下、二七四頁）。

一手積み約定の拡張

このような積極的な貢献をしたと見られる反面で、その経営にはかなりの難関が横たわっていた。なぜなら、北海道と本州諸港間の航路に就航させる船舶には事欠かなかったが、弥太郎が解決しなければならなかったのは、季節変動の激しい貨物をいかに確保し、収支をいかに安定させるか、だったからであった。そのためとられたのが、有力荷主との「一手積み約定」と呼ばれたものであった。それは排他的な約定を結ぶ代わりに一定の値引きをするものであった。やや後のことであるが、明治一七年（一八八四）にこの約定を結んでいる荷主の数は、大阪九九六人、東京四六〇人、神戸三八七人など延べ四一八六人に達した。荷主の囲い込みが進められたのである（小風、一七五頁）。

定期運航の重視へ

このような経営努力にもかかわらず、それでも十分な貨物の確保は難しく、三菱は次第に定期運航を重視するようになっていく。単独の運航効率からみれば満載になるまで出航を待つことが望ましく、在来の買取り船主はそうした行動をとったようであるが、それでは各港で待つ荷主にとっては不都合きわまりない。定期的な運航によって荷主との関係を安定的に確保したいと考えてのことであった。しかし、そのような方針の転換は、荷主の都合によって運航計画が左右されることのないという限りで、荷主の不満の要因になった可能性があった。他方で、このような約定を結ぶ機会のない小規模な荷主にとってみれば、割引の恩恵にあずかれないという不満もあった。

柔軟な運賃政策

弥太郎は、荷主の獲得をめぐってはかなり柔軟な運賃設定を現場に委ねて、競争相手となる風帆船などに対抗しようと計画した。北海道開発への期待も強かったのであろうが、明治一一年（一八七八）七月に弥太郎が函館支社に送った書簡には、一手約定を重視するとはいえ、「競争の際運賃の下落は勢の止むを得ざる訳に候へば、…荷主よりの談事によりては臨機の掛け引きは一切御任申すに付」と指示している。こうした積極的な施策によって開拓使の荷物などを独り占めにしようと意図していたのである。当然ながら、このような競争的な姿勢は同業者に強い反感を生むことになったと想像される。

こうして、三菱は、優れた船舶の競争力だけでなく、荷為替・海上保険・倉庫などを兼営することで荷主を掌握するとともに、三重・四重に利益を得ていると批判されることになった（小風、一六八〜一六九頁）。

為替店の開設

批判の焦点のひとつとなった「兼営」の業務のうち、海上保険については、岩崎弥太郎が東京海上の設立に参加し、筆頭株主となるとともに、三菱の各地の支社に東京海上の保険業務を代理するなどの関係にあった。ただし、海上保険は直営ではなかった。より大きな意味をもったのは、荷為替金融サービスの提供であり、この業務が拡大するのに対応して明治一三年（一八八〇）四月に弥太郎は三菱為替店を開設することにした。本店は東京に置き、海運業務を担う各支社が為替業務を取り扱った。

三菱為替店の設立時資本金は一〇〇万円、海上保険つきのものに限り、抵当品の八掛けで荷為替を引き受けるほか、預金や貸付、倉庫などの業務を行った（『伝記』下、三二四頁）。三菱が金融業務に進出した最初のきっかけということになる。銀行業に進出することに関して、弥太郎はかなり早くから視野に入れていたようであった。弥太郎が明治一一年（一八七八）三月に石川七財に宛てた手紙の中に、「拙者豫て大阪へ銀行発立の趣意も有之」と書かれていることがその証拠となる。この手紙は、高知銀行が大阪に設立されることになったために、その用地として西長堀の岩崎邸を借用したいとの申込があったことに対する回答を石川に伝えたものであった（『伝記』下、三二一頁）。

実際には、銀行が作られるのは弥太郎の時代ではない。その理由は、第一命令書の「兼業禁止」という規定にあったのではないかと、推測されている。そのためもあって、三菱為替店の開設に際して、弥太郎は、設立趣意書に「各地方物貨《ママ》の運輸を繁盛補助するの目的にて専ら荷為替貸付金を営む」と、海運業の付帯業務であることを強調していた。それだけでなく、内部の組織の変更を行って「兼業禁止」という問題を何とか打開しようとしていたことは、改めて述べる。

荷為替金融サービスの役割

荷為替業務が荷主の利益にも適っていたことは、この業務を始めたのが、P&O社との競争に際して明治九年（一八七六）に為替局を設けて開始されたことからも明らかだろう。物資を送る荷主にとって、積荷を預けてから送り先に到着して代金が回収されるまでの期間の資金繰りがつくわけだから、そうしたサービスは歓迎された。地方の金融市場では金利も高く、何かと不便があったし、在来船主の「買取り」とは異なる「他人輸送」の場合には、荷主が代金の取り立てなどを遠隔地の取引相手との間で行う必要があり、取引の完了までの間の資金繰りがつくことになる荷為替金融サービスは「他人輸送」の拡張には不可欠であった。弥太郎の狙いはこうした海運事業の革新にあった。

ところが、積荷となる商品を抵当にするためには、貨物保険を付す必要があり、その保険料と手数料が代理店である三菱の支社に、そして信用を受けた分だけの金利も支社にというように、運賃だけでなく三菱への支払が上乗せされてくることが常態化し、荷主にとっては他の代替的な手段が無いとなると、三菱に対する批判的な意見が強くなったということであろう。実際、三菱為替店初年度にあたる明治一三年（一八八〇）の利益は一七万五〇〇〇円余りで、利益率は優に一割を超えていたから、この業務が付帯業務とはいえ、三菱にとって重要な収益源となっていたことは間違いない。顧客を獲得するための付帯サービスというより、それ自体が収益事業となっていたとすれば、そうした批判が生まれうる余地はあった。

3 経営の多角化

兼業禁止規定と多角化

弥太郎が経営する事業は、この西南戦争後の時期になると、以上のような海運業やそれに関連する事業からさらに拡大していた。これらの事業も後に「兼業禁止」違反と批判されることになるが、弥太郎が基礎を据えた三菱の事業としては重要な意味をもつものがあった。とくに重要なのは、高島炭坑の経営引受と長崎造船所の借受（後に払い下げ）であった。もちろん、これらの事業は、石炭は船舶の燃料であり、造船所は船舶の修繕に不可欠なものであったから、より広く見れば海運業務に関連したものであり、そうした関連性の強い多角化だと言うこともできる。

幕末維新期の高島炭坑

長崎の南西にあった高島炭坑は、現在では「軍艦島」という産業遺跡が知られている。その開発は江戸時代の後半期にさかのぼるが、本格化するのは幕末期に入ってからのことであった。その産出炭の良質なことと、資源が豊富なことから、来日した外国人たちにも注目されていた。開発にあたった肥前藩は、慶応四年（一八六八）閏四月にイギリス商人グラバーと共同経営の契約を結んだ。それは同藩が汽船などを購入した代金を石炭の売却代金で償却するためであったという。

初期の高島炭坑

（出所）『伝記』下，363頁。

実質的には外国人に経営権が移ることは、日本の天然資源の開発が外国人の利権となることを意味していた。利権流失と同時に新政府が心配していたのは、旧藩主が外国から金を引き出し、それを軍資金として新政府に対して反乱を起こすことであった。このような事情から、高島炭坑では明治三年（一八七〇）にグラバーが高島炭坑取扱人の名義で肥前藩に雇われる形式に改められた。その後同商会が破綻して、権利がオランダ人商館ボードィンに譲渡されたが、廃藩置県後の明治五年（一八七二）に「鉱山心得書」が布告されて、外国人の鉱山経営への投資が禁止されることになり、ボードィン商会の経営継承は不可能になった。外国人の経営関与を排除する

「本国人主義」と呼ばれる、日本の鉱山法令の基本原則が鉱山心得書で宣言されたからである。その法令は、この高島炭坑の利権流失の危機に対処して明治維新政府が急遽制定したものであった。

後藤による高島経営の行詰り

こうした事情から、明治六年（一八七三）に高島炭鉱はいったん官営事業となった後、明治七年（一八七四）七月に後藤象二郎が五五万円で払い下げを受けて経営していた。しかし、後藤による高島経営はうまくいかなかった。「先生は参議が適任なり、商法など手に染め給ふな」と弥太郎が評したといわれる後藤であったが、案の定、借金で首が回らなくなった（『伝記』下、三六三頁）。蓬萊社という名前の貿易商社経営もうまくいかず、払い下げ資金の一部はジャーディン・マセソン商会から借入れたが、それも返済は滞った。

福澤諭吉の斡旋

この後藤の窮状に手をさしのべたのが福澤諭吉であった。諭吉が後藤の自由民権運動での手腕に期待していたからであったと言われる。明治一一年（一八七八）秋に諭吉は弥太郎に話を持ち込み、三菱が後藤の負債を肩替わりして高島炭坑の経営にあたることを提案したという（『伝記』下、三六六頁）。しかし、弥太郎の返事は芳しくなかった。「後藤の尻拭いをなぜやらなければならないのか」と考えていたと『伝記』は書いている。一年後に諭吉は、慶應義塾出身で弥太郎のもとで働いていた荘田平五郎を介して会見を求め、弥太郎と膝詰めの直談判を試みた。諭吉の荘田宛ての手紙には、「近来の事情双方［後藤象二郎と岩崎弥太郎］共に損して益なし、お互いに寶を抱いて其用を為さざるものの如し」と書かれている（『伝記』下、三六九頁）。

弥太郎が逡巡したのは、後藤の放漫経営のためにその負債額が一〇〇万円あまりと極めて多額にのぼっていたことであった。長崎土佐商会の主任となったときにも、後藤の放漫な経営のために資金繰りに苦労した弥太郎であった。そのときのことを思い出していたかもしれない。高島炭坑は後藤が五年ほどの経営した後、払い下げ代金の倍近い金額の負債を抱えていた。しかも、実体はさらにひどいものであった。

弥太郎の慎重論

弥太郎は、「鉱山は当るものもあれば、当らぬものもある。いはば僥倖《ぎょうこう》を頼む投機と変わりがない。自信は成事の秘訣であるが、空想は敗事の源泉である。故に事業は必成を期し得るものを選び、一旦始めたならば百難に撓《たわ》まず勇往邁進して、必ずこれを大成しなければならぬ」と常々語っていたと伝えられている（『伝記』下、六六二頁）。鉱山投資に対する慎重さは、そうした事業観が背景にあった。

しかし、弥太郎の弟弥之助は後藤の女婿であり、福澤の斡旋もあって、さすがの弥太郎も条件次第と軟化したようである。その交渉の決着がつくのは、斡旋開始から一年九カ月後の明治一三年（一八八〇）七月のことであった。弥太郎にとっても後藤はかつて世話になった上司でもあったからやむを得ないと考えていたかも知れないが、長崎の時のように無理に引き受けさせられるいわれはないから、計算がたつように負債の引受額を圧縮して合意に至ったものであった。肩替わり額は六〇万円であった。

破談寸前の契約

ところが、実際にふたを開けてみると、後藤との雇用契約を結んでいたグラバーを三菱に引き取ること、上海・香港との多量の売炭契約があって、その履行には損失を覚悟しなければならないことなどが判明した。弥太郎は、後藤が故意にこれらの事実を隠蔽したと憤懣やるかたなく、石川七財と弥之助に対して、次のように書き送っている。

我に於而《おいて》聊《いささか》も象二郎を助ける心無之候。試に思へ、象二郎之ごまかしの件々を我に於て尻をぬぐひ、象二郎へは月々弐千五百円之大金を我より与へ、立派なる殿様に仕立置くべき道理無之候。象二郎へはありの儘我之主意を以て詳細に申談ぜよ。我より違約するに非ず。象二郎我をごまかし、我を愚弄せんとするの心得は、我に於而も千万不面目なり。必貴様共引取而象二郎之苦労を我社へ持込、我等に苦労を向々不掛様注意肝要なり。……

（『伝記』下、三七二～三七三頁）

こうしていったんは破談になりかけたが、福澤が心配して大隈重信を動かし、弥太郎に書状を送ってもらって、ようやく明治一四年（一八八一）三月に契約が成立した。この時、弥太郎が、象二郎を「殿様」にするために支払った金額は、総額で九七万円余りとなった。弥太郎が納得できたのかどうかはわからないが、弥之助の関係もあって、嫌々ながらも引き受けた感があった。

しかし、引受後の高島炭坑はかなりの好成績をあげた。川田小一郎の指揮の下で近代的な技術の助けを借りて開発が進むことになり、三菱の鉱業部門の一〇〇年にわたる柱となったからである。当初の投入資金が大きすぎることが懸念材料であったが、さすがの弥太郎といえども、高島炭坑がこれほどまでの将来性を持っていることを見抜けなかったのは、当然のことであった。むしろ、土佐藩時代に自らの立身出世の機会を与えてくれた後藤象二郎に年来の借りを返したという気分ではなかったかと思われる。

長崎造船所の払い下げ「陰謀説」

もう一つ重要な多角化の起源となる長崎造船所に関しては、弥太郎の関与は必ずしも明確ではない。しかし、それは弥太郎の晩年の経営多角化のなかでも最重要なものになった。

長崎造船所は、文久元年（一八六一）四月に江戸幕府が開設した「長崎製鉄所」を起源とし、新政府になってから工部省直轄の官営事業として整備されてきたものであった。事業の内容は、主として日本沿海で活躍する蒸気船の修理であり、他の官営事業の例に漏れず、経営的には厳しい状態が続く赤字企業体であった。

三菱が長崎造船所の貸与を受けて事業に着手するのは、明治一七年（一八八四）六月に明治政府に「長崎造船所貸渡之儀ニ付伺」を出してからのことであった。同月、政府は三菱への貸与を決定することになる。この経緯については、かつて政府の「陰謀説」とでも呼ぶべき話が伝わっていた。次章で詳しくふれるように、一七年というと共同運輸との対決が騒がれていた時代であった。

そのためこの長崎造船所については、『伝記』が、「官営事業のうち損失の最も大なる長崎造船局を三菱に押しつけたならば、三菱も音をあげるであろう。さすれば政府も負担を減じ、共同運輸会社を間接に助け、三菱には打撃をあたえることができる。一石三鳥の良策」と考えたのではないかと推定

明治18年の長崎造船所
（出所）三菱重工提供。

しているいわく付きのものである（『伝記』下、三九一頁）。明治政府は、共同運輸を支援し、三菱を攻撃し困惑させるために、採算が取れずに財政の重荷となっていた造船所を三菱に「押しつけた」というわけである。

三菱側の働きかけか

しかし、このような事実は確認できないばかりか、どうやら史実を大幅に歪曲していると言った方がよいだろう。

この問題を取り上げた山崎有恒の「官業払い下げをめぐる工部省の政策展開とその波紋」では、陰謀説を紹介している岩崎彌太郎・彌之助傳記編纂會『岩崎彌之助伝』では、「『薩長藩閥政府』の攻撃に屈しなかった『偉大な』岩崎彌之助像を描いていくために、当時の政府によって行われた行為は、すべて三菱への攻撃としてとらえられるのではないか」と指摘している。山崎の研究では、経営引受は陰謀ではなく、三菱の側からの働きかけによって政府が決定したものとされている。その根拠は、政府部内で作成された「長崎造船所貸渡意見書」が三菱を「名指し」で造船所の貸与先と書いていること、もう一つの根拠が弥之助と工部省の中井弘大書記官との間でこの頃には繁雑な行き来があったことである。この頃、病を得ていたためか、重要な局面で登場するのは弥之助であって、弥太郎ではなかった。

ちなみに、この「意見書」を書いたのが、当時工部卿の地位にあった、あの佐々木高行であった。高島炭坑の後藤象二郎と同様、長崎造船所も佐々木高行という土佐の人脈、しかも弥太郎の「商法重視」を批判していた佐々木とのつながりのなかで浮かび上がったものであったことになる。山崎の表現を使うと、「岩崎は、本郷の自宅や御殿山杉田屋、新橋伊勢源等の料亭において再三再四宴会を催し、新橋や北新地の美人芸者を呼んで中井ら工部官僚を手厚くもてなすことにより、彼等への接近を試みた」と推測できるという（山崎前掲論文、七〜八頁）。

工部省のイニシアチブ

これに対して、中西洋は『日本近代化の基礎過程　長崎造船所とその労資関係』において、佐々木の意見書が長崎造船所の改革案についての丹念な調査に基づいて作成されたものであり、その趣旨は、民営化して受注価格を引き下げられるようにすること、営業の拡張を図ることなどを求めたものとしている。山崎の「三菱側からの働きかけ」という説明は、官民癒着のイメージも重なっておもしろいが、どうやら史実の解釈が正確ではないようである。

弥之助から川田小一郎に宛てた書簡によると、明治一七年（一八八四）三月に前触れもなく、政府から長崎の貸与の話が持ちかけられたことが明らかにされている。つまり貸し下げの話は三菱側から見れば「突然の儀」であった。弥之助は、この持ち込まれた話に「決して捨つべきことに無之」と積極的な姿勢を示し、川田に対して「利益の有無御勘考相願候」と検討を指示した。

以上からわかるように、三菱の造船事業の発端となった長崎造船所の貸し下げは、「陰謀説」も山崎の「三菱から働きかけ」という説明も適切でないことは間違いない。そうではなく、工部省がイニシアチブをとって最も適切と判断される貸し下げ先を選定し、その貸し下げ条件について、三菱側が相応の要求を表明して、交渉の上で確定されたものであった。

こうして、三菱会社は明治一七年六月一二日に「長崎造船局拝借願」を提出し、これが二三日に「聞届」られ、二四日に正式の契約が締結された。

4　三菱の組織と資産

建て前と実態の乖離

こうして進展する三菱の初期の経営多角化は、弥太郎を中心とする三菱会社の人びとに重要な問題を強く意識せざるをえないところに追いやっていくことになる。公業としての郵便気船三菱会社の「公業」の意味や「兼業禁止」規定と事業の実態とのずれが目立ってきただけでなく、大きな組織をどう動かしていくのかという問題が生じていた。そのために、明治一〇年代の前半、つまり弥太郎の生涯の最後の八年間は、そうした問題への対処が進められた時期にあたる。

二重組織としての三菱

その最大のものが、会計方式の整備と、兼営事業の分離独立などの組織改革であった。

この点については、関口かをり「初期三菱における組織と経営」が、「やや大胆な仮説」と断りながら、左頁に示した組織図によって、明治一五年（一八八二）末の三菱の経営組織とその出資関係を明らかにしている。それによると、「要点は、これまでの研究では郵便汽船三菱会社がこの時期の岩崎家の事業経営の全体をカバーすると考えているのに対して、郵便汽船三菱会社は「回漕部」と呼ばれていた事業部門を表現する対外的な呼称であり、岩崎家の事業全体は後に奥帳場に展開する各事業の出資・統括部門が、三菱会社「本社」及び「内方」として存在する二重組織であった」。つまり、明治一五年には「規定上から見れば本社の各局・課は郵便汽船三菱会社の本社組織であるが、図で示したように、実質的には回漕部、炭坑部、為替店その他の各事業への出資を行う「本社」のスタッフ部門として各事業分野に関わる事務を等しく取り扱っていた」。それは、財閥が持株会社を頂点に子会社を統括するといわれる階層的な本社・子会社関係の原型、萌芽と呼ぶことができるものでもあった。

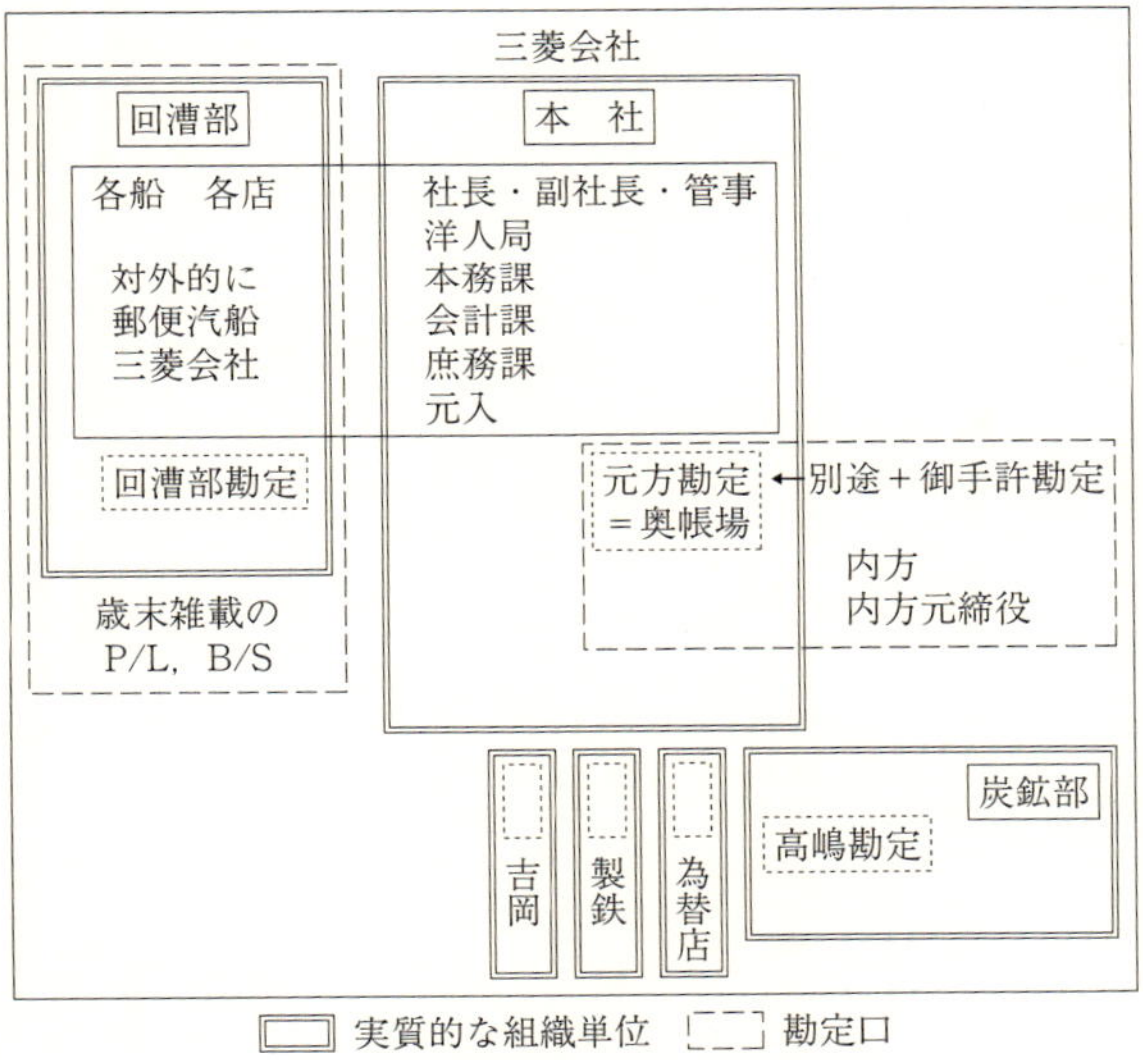

二重組織としての三菱

（出所）関口かをり「初期三菱における組織と経営」。

この組織のなかで海運事業を担う組織を内部で指している「回漕部」という名称は、明治一四年（一八八一）から使われるようになった。関口によれば、それまで兼営していた事業部門と比べるとはるかに大きな高島炭坑を入手したために、「境界分明」のために使われるようになったといわれている。

回漕部という内部組織

このように、対外的には第一命令書に従って公業としての「会社組織」となっている郵便汽船三菱会社は、岩崎家の事業経営の組織の中では、三菱会社と自称されていた「本社」のもとにある、高島炭坑や為替店などのいくつかの事業の一つである回漕部という一部門と見なされていたのである。立社体裁を制定したことについて、すでにふれたように政府の命令条項に対する「面従腹背」であったと評価したが、弥太郎の考え方は、こうしたかたちで、三菱・岩崎家の事業組織を独特のものにしていったのである。

奥帳場の成立

この二重組織は、翌明治一五年（一八八二）になると、会計的にも回漕部と本社の諸勘定が分離されて明確化する。これにより、岩崎家の事業活動全体をまとめている会計上の組織が「奥帳場」（元方）と呼ばれるようになった。この会計組織の整備は、弥太郎の指示のもとで、荘田平五郎が中心になって進めた改革の成果と考えられるものであった。それまでの弥太郎の事業に関してみると、海運事業の経営資産だけでなく、毎年の利益などの運用先として預金や公債などの有価証券投資が行われており、事業部門である三菱為替店への出資、高島炭坑の買収資産、吉岡銅山などがあって、かなり多岐にわたり、それらと岩崎家の奥向きの家計の賄いなどが必ずしも明確に区分されずに経理されていたようであった。岩崎家の家計にかかわる経理までが含まれていたことは、それ自体が事業組織としては未成熟であったことを物語っている。弥太郎がこの改革によって実現しようとしていたことの意味は、その限りでは、近代的な経営組織の整備であった。

岩崎家事業の資産

しかも、会計制度の改革は、大きな資産となっている回漕部の船舶について、明確な原則を定めて減価償却を行うことなども視野に入れており、それは収益を把握するために必要であるとともに、政府が求めていた条件を満たすものでもあった。

収益をきちっと把握しなければならないという要請は、船舶資産の償却という問題だけでなく、次章で詳しく触れるように景況の悪化に伴って事業収益の基盤をきちっと把握しなければならなくなっていたことなど、回漕部門固有の事情があった。しかも、多額の債務付きで高島炭坑を買い取らざるをえなかった弥太郎にとっては、その高島の経営状況を明確に把握するためにも、部門別にしっかりとした監視ができるようにする必要もあったと思われる。

改革の背景には、三菱の「海運独占」の批判や政府との関係

表8　奥帳場に計上されている岩崎家資産

（円）

	明治15年7月	明治16年6月	明治17年6月
現金合計	255,623	387,789	167,060
公　債	0	1,047,653	1,741,762
株	382,330	421,840	813,139
預　金	0	317,240	銀1,788
回漕部	552,730	0	910,504
諸事業	3,140,937	3,572,084	2,330,397
その他	6,315	17,004	169,026
合　計	4,337,935	5,763,609	6,133,676

（出所）　関口かをり「初期三菱における組織と経営」。

も考慮しなければならないが、それについては次章でふれることにしよう。こうして、表8に示されるように、明治一五年（一八八二）七月の会計の分離直後に、岩崎家は、総額で四三三万円余りの資産を、株式や諸事業への投資残高としてもつようになった。「諸事業」の中核は、高島炭坑と三菱為替店であった。それに対して「回漕部」に関する投資額は、わずかに五五万円に過ぎない。前掲表6に示したように、この時期に郵便汽船三菱会社の資産額は三〇〇万円前後に達していたが、それに対する本社の出資額は五五万円であり、それも一六年（一八八三）六月の決算では一端ゼロにされていた。

奥帳場で進む資産蓄積

こうして回漕部は、一端、岩崎家奥帳場とは切り離され、政府からの借入金とそれまでの利益積み立てによって、多額の船舶を保有する独立の事業組織として、三菱の傘下の一部門となった。その一方で、岩崎の手元の「奥帳場」の資産は一七年まで着実に増加して六一三万円となった。後で述べるように、この時期に三菱は共同運輸との激しい競争で「疲弊していた」といわれているが、少なくとも奥帳場の資産蓄積から見る限り、弥太郎は一七年までに回漕部に新たな出資分として九一万円を計上したほかにも、公債や株式などの保有額が確実に増えていた。

しかも、そうした資産は、株式の配当金や公債の利子など毎年一五万円から二〇万円のほか、為替店の利益一八万円など合計五〇万円前後の当時としては極めて多額の収入を弥太郎にもたらしていた。それは、海運業の収益とは別口の弥太郎の利益源泉だった。こうした資産の構成や収支からみると、明治一〇年代の半ばにかけて岩崎弥太郎の個人資産は、国内でも抜きん出て高い水準に達していたと

明治13年頃の三菱幹部

前列：川田小一郎（左から３人目），弥太郎（４人目），石川七財（５人目）
後列：近藤廉平（左から３人目），吉川泰二郎（４人目），荘田平五郎（７人目），朝吹英二（８人目），弥之助（９人目）
（出所）三菱史料館所蔵資料。

みてよい。回漕部を独立分離して、これを勘定に入れなくても、そうであった。別の角度からみると、前掲表6に示されている明治一六年以降の回漕部の損失も、この資産収益によって十分にカバーしうるものであったから、弥太郎の事業基盤は盤石を保っていたということができる。

人材の登用

会計制度の整備とともに弥太郎の経営のあり方を特徴づけたのが、人材の登用であった。会計制度の改革を推進するなどの重要な役割を果たした荘田平五郎がその筆頭といってよい。荘田だけでなく、弥太郎は、さらに士族の子弟や学校出身者を積極的に採用した。具体的には、福澤との関係もあって慶應義塾からは荘田（管事、会社規則制定）のほかに、吉川泰二郎（海上保険、荷為替金融、日本郵船）、豊川良平《とよかわりょうへい》（管事、銀行）、朝吹英二

（貿易商会）、山本達雄（日本郵船、日銀総裁）などが入社し、また、東京帝国大学からは加藤高明、末延道成《すえのぶみちなり》（東京海上）、長谷川芳之助《よしのすけ》（大学南校出身、金属鉱山）、南部球吾《きゅうご》（大学南校出身、高島炭坑）、近藤廉平（大学南校出身、鉱山、日本郵船）などであった。資産も利益もすべて弥太郎のものだと宣言した「立社体裁」に示される会社の所有権にかかわる原則とは別に、弥太郎は多くの人材をその膝元に集め、彼らを適所に配分して権限を委ね、その裁量権を尊重したのである。

人事面でもう一つ三菱を特徴づけるのが、外国人の多さであった。明治九年（一八七六）の三菱の雇い人では、日本人一三五一人に対して、外国人は三八八人（うち船員三五五人）を数えている。これほど外国人を雇った企業は、第二次世界大戦後までを見通しても、まれであったと言ってよい。船員を中心に熟練した技能を持つものが不足していたこと、海上保険との関係で、外国人の船長・機関長などの主要な役職者を経験豊かな欧米人とすることが求められたからであった。余談ながら、これらの外国人への給与支払いは銀貨建てであったために、紙幣インフレ期には経営を圧迫する要因となり、海外航路に関する銀建て運賃の請求に繋がったと説明されている（『伝記』下、四九五頁）。

第六章　三菱批判の展開

1　明治十四年政変

荷主の反発と三菱批判

こうして、一大海運王国を中軸とする巨額の資産を積み上げることになった岩崎弥太郎の事業は、明治十四年の政変を期に足元を揺さぶられることになる。要するに、巨大企業三菱に対して、その独占的地位を批判する意見が出始めたのである。

三菱批判の最初は、明治一一年（一八七八）に出た「三菱会社岩崎兄弟の経営法に関する非難」というもので、筆者は「某外人」となっている。その内容は、「政府の補助金を有効に使わず、新船購入といひながら老朽船を買入れ、汽船の修理をわざわざ英国で行ふなどの不合理を極めている」というもので、要するに、独占企業の弊害が出ているという趣旨であった（『伝記』下、四五三頁）。

こうした批判の背景には、荷主たちが三菱のやり方に反発をもっていたこともあるが、むしろ問題であったのは、政府が外国と競争させるために三菱一社に保護政策の力を注いだことである。しかも、三菱にとって不幸だったのは、そういう事業経営のあり方そのものに対する批判が、政治抗争と結びついてしまったことであった。そのため、岩崎弥太郎は政権争いの片棒を担いでいるというイメージが広がり、三菱は徹底的な集中攻撃を受けた。政府や自由党による悪意の宣伝が行われ、三菱攻撃が政争の道具となったのである。

明治十四年政変の経緯

その政治抗争とは、明治十四年政変に結びつく政府内部での対立であった。民権運動が高まるなかで、政府内部では大隈重信のイギリス型の立憲君主制構想と、伊藤博文など薩長派のプロシア型の君主制的政体構想とが対立していた。大久保利通暗殺後の当時の政府は、大久保の下で実務を担当していた大隈重信に政権を委ねざるをえない状態であった。薩長閥からすると、肥前出身の大隈が政権を握っているのは面白くない。そういう対立があった。その対立の最中に、薩長派に属していた北海道開拓使長官黒田清隆が、一四〇〇万円かけてつくった北海道開拓使所管の財産を、三九万円で彼の息のかかった政商五代友厚らに払い下げようとした。この情報が漏れて、政府批判を展開していた自由民権運動の人びとが徹底的に政府を追及し始めた。

この経過には、つじつまの合わない話がたくさんあるが（武田『日本経済の事件簿』第三章参照）、要するに、在野の勢力を利用して政権内部で主導権を確立させようとしたと大隈は疑われ、薩長派が巻き返しのためにクーデタを敢行することになる。そのため、薩長派は、当時、東北・北海道を巡行していた明治天皇が東京に戻った一〇月一一日の夜に、翌朝までかけて御前会議を開き大隈重信の罷免を決めた。この時、明治天皇は佐々木高行に、「薩長の陰謀ではないか、確証あるか」と尋ね、佐々木が「ある」と答えて決着したという（『伝記』下、四八三頁）。ここでもまた、長崎時代以来何かと関わりのある佐々木高行が登場する。弥太郎とは因縁の深い人物である。

こうしてすべては、大隈派の陰謀だということで大隈政権は瓦解したのである。しかし、この時に、より政商的であり、より腐敗していたのは誰であったのか、より民衆的な立場にいたのは誰であったのかを冷静に考えると、不正な払い下げを実行しようとした側の人々が政権に残り、これを批判的にみていた大隈などが政府を追われることになった。

大隈排除に連動した反三菱の動き

この政変劇がなぜ三菱に関係したかというと、大隈は一貫して三菱の海運業を保護する立場に立って政策を推進してきたと考えられていた。だから大隈と三菱は一蓮托生だと見られていた。しかも、海運業を独占している三菱・岩崎は、重要航路として北海道航路には大きな関心をもっている。当然、五代などの薩摩ゆかりの商人たちと対抗して、北海道開拓使官有物払い下げをねらっていたに違いない。だから、黒田の計画した官有物払い下げを大隈に働きかけて潰しにかかったのだろう。大隈はその依頼に応えて情報を漏らし、在野の民権運動による藩閥政府批判に火をつけ状況を有利に導こうとしたに違いない、というストーリーができあがった。

黒田が政変前の八月に薩摩出身の参議寺島宗則に送った書簡によると、「三菱は北海道航路を独占し、我国の海上権を抑へる強大な勢力である、これが千金をなげうって開拓使撃滅を策している。今後何を仕出かすか判らぬから、大隈を排撃するには、まづ三菱を斬るべしといひ、具体的な措置として三菱にあたえた保護命令を撤回すべきである」と主張していたという(『伝記』下、四七三頁)。警視庁の内偵書でも、伝聞情報で、岩崎弥太郎は大隈や反政府運動家の資金源であり、開拓使官有物払い下げを妨害していると書かれているという(『伝記』下、四七六頁)。こうして、大隈・三菱が結託しているという認識は薩長の有力者たちには共通のものとなっていった。

巻き込まれた弥太郎の態度

この推測がどこまで正しいかは、判然としない部分もある。『伝記』は、弥太郎が「時代の変化に対して的確な判断を欠き、政府内の権力闘争に巻き込まれたこと」は、たとえ、それは自発的なものではなく、「巻き込まれた」ものだとしても問題が残るとしつつ、当時の岩崎の側の状況を次のように紹介している(『伝記』下、四五六頁)。すなわち、明治一四年六月に岩崎弥太郎は、五代が払い下げをねらって北海道に視察に行くのを「いろいろ奔走するようだが、その手段は田舎者のやり口で天下の形勢がわかっていない」と書いている(『伝記』下、四七八頁)。また、払い下げ事件により反政府運動が激しくなった八月には、「世間の風潮に渡り合うことなく、商売に専念するよう」、函館支店に書き送っている。さらに、政変後の一〇月一八日には、弥太郎は社内に対し諭告を出し、「三菱の従業員は一切政治に関与せざるよう要望」したが、その諭告には、「我社の本務たるや、専ら回漕上の商業を営み、郵便御用物の運搬により、一般客貨運搬の便を謀り、只《ひた》管《すら》其本業に従事可致は勿論、徒に時事を談論する等、他事に心を移し候様事有之候は不相成、況や今回畏も勅諭を発せられ、国会の開設の期限を示され、……実に聖代の美事して一般感涙に耐へず、就いても我々商民の如きは、益々安心して商業に勉励致可……」と述べられていた(『伝記』下、四八七頁)。

福澤周辺の反政府運動と三菱

岩崎弥太郎が無視できないほど、反三菱キャンペーンにより社内に動揺が広がっていたのか、実際に政治活動への関与が心配される状況にあったための禁止令であったのかは確証がない。ただし、福澤の周辺では、三菱の援助を受けて反政府の動きがあったことが、矢田績の回想に残っている。それによると、「此の払下問題の本拠は函館にあるから、函館の本拠を突かなくちゃいかんといふのが、福澤先生の意見で、弁士二人を函館に派遣することになり、其の一人に私が選定されたのであります。……そうして函館に着いてから、三菱会社の支店が非常に我々を助け、世話をして呉れたといふのは、三菱が北海道に航海権を持っている。其の航海権を御用商人の五代友厚に譲らねばならんのです。其の為めに三菱は北海道払下げに絶対反対で、福澤先生に御願ひして、反対演説のため、我々を派遣したのであるから、三菱が我々を世話するのである。実は我々の旅費も皆三菱から出たのであります」という（田中、二四六頁）。弥太郎の方針に反して現場では、反五代の動きが活発であったのかもしれない。

海坊主退治
（出所）　入交，181頁。

自由党の反三菱キャンペーン

さらに大隈下野後になると、大隈とともに藩閥政府批判の側にいたはずの自由党が反大隈・反三菱キャンペーンの急先鋒となった。大隈が改進党を結成して自由民権運動の内部での主導権争いが生じ、自由・改進両党間での非難合戦がエスカレートしたからである。自由党は、こうして改進党批判を強めながら、同時に維新政府との距離を縮めていったことから、自由党による改進党批判に三菱批判が連動して展開することになる。

山路愛山が紹介するところによると、明治一五年（一八八二）六月の『立憲政党新聞』では、自由党が改進党を攻撃する理由として、「改進党は其の総理大隈重信氏が在職中三菱会社と親密な関係を有して之を庇護したるの因縁よりして三菱会社と隠に相依り相結ぶべきものなること」があげられた（山路、二〇〇頁）。同じ頃千葉の茂原で開かれた自由党の政談演説会では、図12のように「海坊主退治」と称したパフォーマンスが行われるなど（入交、一八一頁）、政党間の争いのなかで自由党系の言論が三菱批判に廻った。これで状況は弥太郎に一層不利となった。

誇張と誤解に満ちた攻撃に取り囲まれた弥太郎は、側近だった豊川良平に対して、「このような中傷説が起ったのは、必ずしも新聞や世人の迷妄と断ずべきでもあるまい。我社が成功に馴れ、自重自戒を怠ったために、満損《まるぞん》を招いたのだ。亢龍悔《かうりゆうくい》ありというのはこのことだ。大いに反省せねばならぬ」と語ったと伝えられている（『伝記』下、四九六頁）。

2　松方デフレ下の海運政策の転換

大隈重信の周りにも、あるいは岩崎の周りにも、福澤が育成した慶應義塾出身の新鋭たちが集まっていた。政変後の政府は、政府批判を封じ込めるために、福澤・大隈・岩崎への攻撃を続けることになる。

本書の「はじめに」で紹介したように田中惣五郎は、十四年政変を明治第二の維新と見る立場から、「この際の政治的代表は大隈であり、思想的代表は福澤だとしたら、経済的代表は岩崎である」といっているが、それは、こうした状況を反映したものであろう。

保護政策の転換　結局、在野の人間となった大隈重信の影響力を封じ込めるには、その資金源の岩崎を潰さなければいけないというのが薩長による新政権の政策の基本的な考え方になった。そこで明治維新政府は、三菱に対する保護政策を見直し、競争相手として共同運輸会社を設立して三菱の独占的地位を脅かそうとした。

田口卯吉の海運助成策批判　見直しの根拠となった三菱批判の内容は、田口卯吉が『東京経済雑誌』で農商務省費四五万八〇〇〇円中の二六万九〇〇〇円が三菱への補助金であると指摘したような、政府保護の独占だけでなく、①倉庫業・為替業・海上保険業などの関連業務で何重にも利益を得、海上運送に伴う利益を独占している、②運賃率を恣意的に左右し、高率の運賃を設定して商業の発達を阻害している、③船質を改善せず、海上輸送需要の増加に伴う輸送力強化を怠っている、④船客・荷主に対する待遇が劣悪であるなど、独占の弊害として一括できるものであった（小風、一七七頁）。三菱が伝統的な商習慣を崩そうと努力していた面も、批判が高じる基盤となっていた。

ブラウン意見書と第三命令書

そのため、明治維新政府は、農商務省の御雇い外国人ブラウンが三菱に対して命令書の厳格な遵守を求めるべきだとの意見書を提出したのを受けたかたちで、明治一五年（一八八二）二月に第三命令書を交付して三菱に改善を求めることになった（巻末資料2参照）。

ブラウンがもっとも問題としたのは、①為替店の経営などの兼業禁止規定に違反していること、そのためもあって②船舶の整備・充実が不充分なことであった。そこで、第三命令書は、まず、第一條で「其社ノ本業ハ海上運漕ヲ専ニシ、決シテ商品賣買ノ事業ヲ営ム可ラズ」と商品売買の兼営禁止を明記した。第一命令書でも他業の兼営は禁止されたが（第十二條）、改めてこの規定を全面に押し出したものとなった。このほか、第二條と第三條では「払い下げ代金の皆済」が実現するまでは、船舶の所有権に制限があることを明記した。さらに、第四條では、二万二〇〇〇トン以上の海運隊を維持すること、その検査を毎年行うこと（第五條）、第七條では、大修繕の準備金として毎年公債八万円を政府に預けることを義務づけたこと、そのほか運賃規則や罰則が明確化するなど経営監督の強化策がとられた。荷主からの批判を考慮して三菱に経営方針の改善を求める内容であった。『伝記』は、その内容を「いまだ必ずしも峻厳に過ぎるものではない」としているが（『伝記』下、五〇四頁）、その背景には、激しい政争にさらされながらも、日本の海運を担う三菱の事業を評価する現実的な判断があったと見てよいだろう。

政策転換の実質

実際、前掲表6にもあるように、政府は明治一八年（一八八五）まで三菱に助成金を交付している。従って、三菱保護政策が完全に停止したわけではない。そうでなければ、どうして保護を止めた会社に補助金を出し続けるのか。この時の明治維新政府の対応は、独占の弊害が出てきた三菱に対して、次項でふれるように半官半民の共同運輸会社を作り、両者の競争を促すことで互いに経営の合理性を高めて運賃を下げることであったと評価することもできる（小風、一八六頁）。従って、政変後の政府が、『伝記』が指摘するように、「三菱打倒を目的とする組織的な策謀と見られるものであって、政府の使嗾、自由党の党略、反三菱派財界の策動がその背景にある」というほど極端な反三菱政策を採ったわけでないことも事実であった。この点は、第三命令書を交付する以前に、政府が「三菱会社の事業を妨害せんとするものではなく、唯永遠に保護せんとする目的なるのみ」と言明したことにも表れており、命令書の内容についても弥太郎の意見を聴いて修正に応じたことなどの前後の事情からも知ることができる（『伝記』下、四九一、四九六頁）。

共同運輸の設立

政府の政策転換は、監督強化だけにとどまらなかった。翌明治一五年（一八八二）から一六年にかけて政府は共同運輸を設立し、三菱に対抗させようとしたからである。設立に中心的な役割を果たしたのは、政府部内で三菱攻撃の急先鋒であった品川弥二郎で、東京風帆船・北海道運輸・越中風帆船を合併して資本金三〇〇万円で設立された共同運輸は、政府から出資一三〇万円をうけ、政府直属の海軍の補助船団という目的も併せて持っていた（明治一五年一〇月設立発記人会議、一六年一月営業開始)。品川は、「国家的事業を個人に任せておくから悪い。海上権を三菱から奪わねばならぬ」と、井上馨らを動かして共同運輸設立にこぎ着けたという。そのため、設立発起人は、小室信夫、益田孝、雨宮敬二郎、馬越恭平、大倉喜八郎、川崎正蔵などの有力者が名を連ね、渋沢栄一もこの設立には関与したという。政府が三菱に対抗するために有力企業家の出資・協力を糾合したという様相を呈していた。ただし、当事者の一人である渋沢栄一によると、「其の創立者として……予等を表面に立てたれども、実権者は品川弥次郎子[子爵]にして、社長伊藤雋吉氏は其傀儡たるに過ぎざりき。而して其又裏面には、井上侯の存在するありて、…謂はば『扉中の大本尊』とも見るべかりし」と回想し、井上馨が黒幕となった動機として「三菱会社の専恣が、日本の商業貿易の発展に害ある」と見たからだといわれている(田中、二七三頁)。

3 三菱・共同の競争実態

運賃の低下

こうして設立された共同運輸は、三菱に不満を持っていた荷主の期待に応え、三菱と激しい競争を展開したと言われている。前掲表6(二四二頁)でわかるように、明治一五年(一八八二)にはじまるデフレ政策の影響で減少しはじめていた三菱の運賃収入は、一六年には前年の四分の三近くに急減し、三菱は赤字経営に転落する。経費の節減などの自助努力では対抗できないほど経営状況が悪化した。

その原因は、両者が運賃を引き下げて荷主を奪い合ったからだと言われている。具体的には、東京・長崎間の運賃は、明治一六年には、下等乗客が一二円から一〇円となり、米一〇〇石が一一〇円から六五円に低下した。また、両者の競争が始まる前に米一〇〇石二七円であった四日市・東京間の運賃は、一八年には一〇円に下がったと記録されている。

もっとも大幅に運賃が下がった時期には、少額の支出で東京見物ができるというので、四日市港にはただ遊覧のためだけに船に乗ろうとする人びとが多数現れたという話も伝えられている（佐々木、二三〇頁）。これは競争の最盛期となった明治一八年（一八八五）真夏のことのようで、ごく一時的な現象だったが、安い運賃をアテにしていた遊覧目的の客は、運賃がもとの高い水準に戻るとすごすご家に帰ったという。

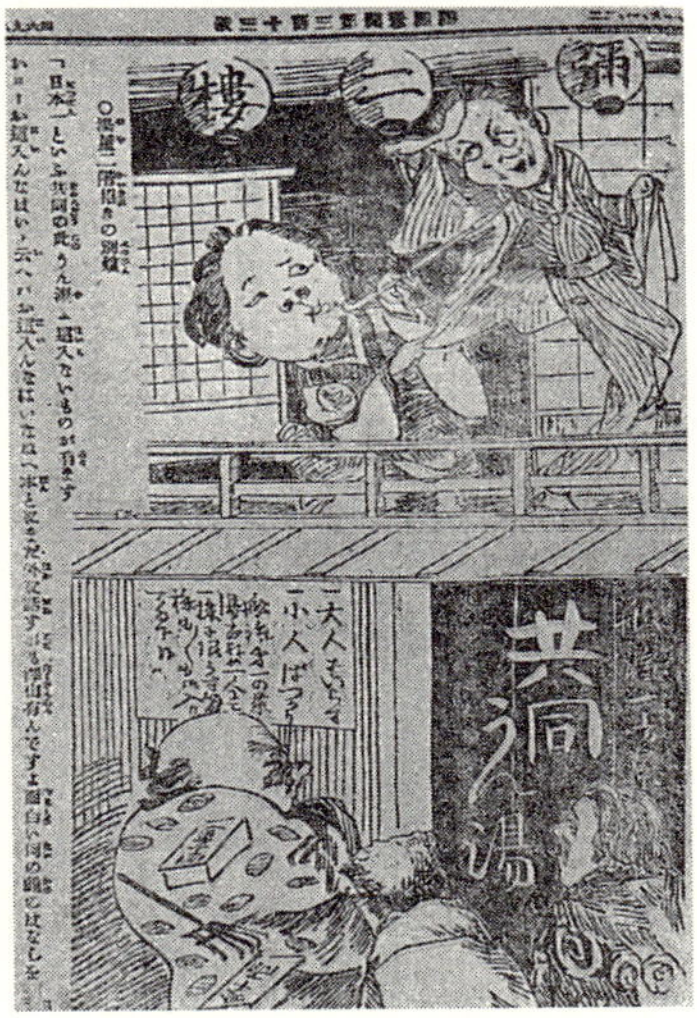

三菱・共同の競争
（出所）嶋岡，140頁。

三菱・共同の「死闘」

そのため、明治一六年（一八八三）には八万円弱の利益を計上できた共同運輸も、一七・一八年と赤字が増大し、三菱同様に経営状態は極端に悪化した。輸送量では、二社合計の乗客数が一六年に二〇万九六四四人、うち三菱乗客一九万二六七人（九三％）から、翌一七年には二二万四九九七人、うち三菱乗客一五万七四九八人（七〇％）に、貨物輸送量が一六年の五九万トン、うち三菱扱い高五五万五〇〇〇トン（九四％）から、一七年に八三万八〇〇〇トン、うち三菱扱い高五五万二〇〇〇トン（六六％）へと、三菱のシェア低下が顕著であった。従って三菱の海運独占を脅かすほど急激な変化が市場シェアでは生じていたが、そのために共同運輸が払わねばならなかった犠牲も大きかったのである。

このような見方は、たとえば日本郵船の社史では「両者の競争は［明治］一六年一月から一八年九月まで二年九ヶ月にわたって行われた。その間互いに乗客貨物の多寡を競って運賃の引下げをなし、ついに採算を度外視して単に貨客の多きを競う常軌を逸する営業を行うにいたった。」と書いているなど、かなり一般的な認識になっている（『日本郵船株式会社百年史』二五頁）。

遅れた共同運輸の本格参入

しかし、両者の激しい競争について語り継がれている「物語」は、最近新しい研究によって別の側面が明らかにされてきた。関口かをり・武田晴人「郵便汽船三菱会社と共同運輸会社の『競争』実態について」によると、明治一六年（一八八三）から始まったといわれる共同運輸会社と郵便汽船三菱会社の競争が三菱の経営状態に与えた影響は、これまで考えられているほど大きなものではなかった。

すでにふれたように、これまでの研究では、弥太郎時代の三菱と岩崎家の経営状態について、明治一五年（一八八二）に大きな改革が行われた会計規則の影響を見逃して、回漕部についての不正確な決算情報にもとづいて誤った判断が下されてきたからでもあった。

共同運輸との競争が原因で三菱の経営が悪化したという「物語」に対する限定的な評価の根拠になっているのは、共同運輸が船舶を整備し、定期航路を開いて競争しうる状態となったのは、早くとも明治一七年（一八八四）の後半期からであったこと、言い換えると、それまでの共同運輸は貧弱な船舶のために三菱に挑む準備はなかったことであった。明治一六年八月に函館の荷主から三菱に届いた手紙では、「本年一月頃ヨリ共同運輸会社ノ創立アリト雖モ同社船舶ノ数モ少ク営業ノ体裁モ不十分ヨリ陽ニ貴社ノ競争ヲ懼ル、ノ体ヲナシテ同社一定ノ運賃表ヲ公ニ示サズ」と書かれている。現実の競争相手に共同運輸が登場するのは、一七年下期以降のことなのである。

共同運輸が早い時期に定期航路を開設した四日市について、三菱四日市支店の営業状態を見ると（表9）、共同運輸の航路開設直後の明治一七年四月でも貨物量の減少はそれほど大きくはなかった。当時の雑誌では「其、最も激烈なりしは十七年の下半期にして、東京・神戸間、東京・四日市間の二航路は実に両者の関ヶ原なりき」と報じられているが（『渋沢栄一伝記資料』第八巻、一〇一頁）、三菱四日市支店が実際に引き受けた貨物量は一七年四月にはそれほど大きな減少を記録していないばかりか、一〇月には前年よりむしろ増加していたからである。

運賃低下の主要因

もちろん問題となる運賃収入については、貨物（荷客）についても旅客についても減少傾向が見出される。いうまでもなく、運賃率が低下したことがその主因であったが、この点を明確にするために、同じ資料から、四日市と高知の二つの支社について運賃の動向を示すと、一八五頁の図のようになる。

表9　四日市支店の営業状態

	明治16年		明治17年		明治18年	
	4月	10月	4月	10月	4月	9月
t数（トン）	2,872	5,721	2,780	7,733	5,686	6,475
前年同月比（%）			96.8	135.2	204.6	83.7
荷客運賃（円）	6,095	11,892	4,930	11,206	8,812	8,527
前年同月比（%）			80.9	94.2	178.7	76.1
1tあたり貨物運賃（円／トン）	2.12	2.08	1.77	1.45	1.55	1.32
前年同月比（%）			83.6	69.7	87.4	90.9
船客運賃（円）	6,658	5,166	4,453	3,813	3,996	6,586
前年同月比（%）			66.9	73.8	89.7	172.7

（注）　明治18年9月は8～9月の合計値しかわからないため，便宜的にその半数を計上した。

（出所）「各地運賃精算勘定書」『（総出納）精算勘定書』（MA859～876）明治16年4月より明治18年9月各月より筆者作成。

明治一六年（一八八三）からトンあたり運賃が低下傾向にあるという点では、競合路線ではない高知支店でも変わらなかったことが明らかであろう。

このことから、共同運輸との直接的な競争とは異なる要因が、同社の本格参入以前からの運賃率の低下には重要な意味をもっていたことが推測される。松方デフレ期の経済的な不振が、すでに佐々木誠治の研究によって指摘されている（佐々木、二三〇頁）。また、田中惣五郎は「いはゆる猛競争は、一七年後半の運輸会社の船の出そろったところではじめて華々しく行われたものであること」、つまり「伝説の白熱的競争は弥太郎死後の弔ひ合戦の間に展開された」と評価している（田中、三三〇頁）。このように研究史を遡ると、競争の時期が限定的であることが指摘されてきたにもかかわらず、一般には、激しい競争が展開して三菱も共同も共倒れになりかかったという捉え方が浸透していた。そのために改めて競争の実態を検討する研究が出されたというわけである。

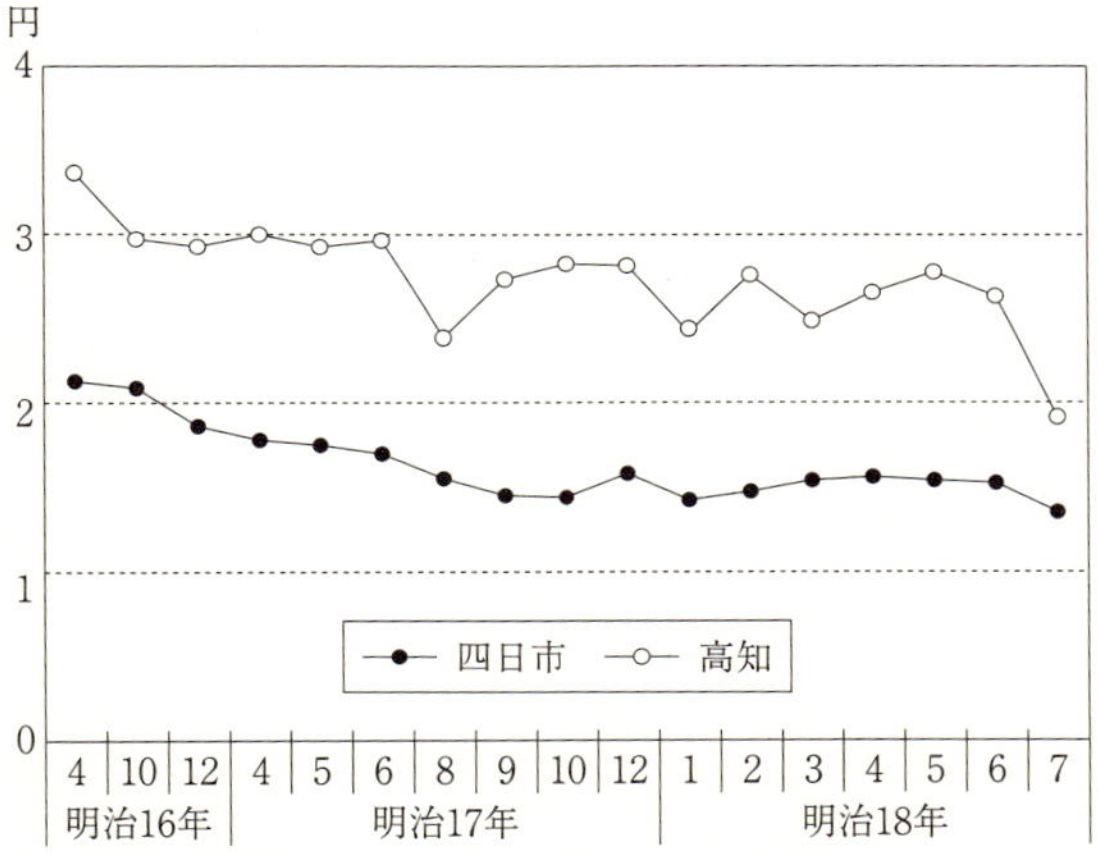

貨物運賃の動向（1tあたりの運賃）
（出典）　関口・武田論文。

営業現場の認識と弥太郎の対応策

競争の実態についての「生の声」を伝えていると考えられる、各地の三菱支社からの報告類などをみると、共同運輸の参入を意識したものは少なかった。これが「競争の実態」に関する一般の認識を改める必要があると考えられたもう一つの理由になる。

関口・武田論文によると、世間では三菱に対する批判が声高に語られるようになった明治一五年から一六年にかけて、三菱の社内では、景気の後退に伴って荷動きが減少し、物価の下落にあわせて、運賃の値下げの必要があるなどの報告が各地の支社から本社の弥太郎の元に届くようになった。それらの報告の多くは、新規参入の共同運輸にふれることはほとんどなかった。つまり三菱社内では経営状態が悪化した原因は景気が悪くなったためと捉えられていた。

また、函館支社からの書簡では、共同運輸の定期船就航に対して「飽迄《あくまで》競争」するのか、しばらく様子を見るのかを問い合わせるなかで、これまでの「外国船或ハ郵便蒸気船会社ト争フタル事跡」と同じように、競争するというわけにもいかないとの認識が示されていた。こうした考え方に対して、本社からは、「親睦を旨とすべし」との指示が出されていた。弥太郎は、運賃の低下傾向の下でも、あくまで「両社親睦」を重視して競争を回避し協調的な対応策をとろうとしていた。

このような判断の背景には、運賃の低下が景気循環によるものであるから、そうした状況を脱することができれば、改善される、つまり荷動きの減少による運賃の低下は、一時的だとみていたのである。不況期であれば、時間がかかってもより安価な風帆船を利用して輸送する者が出るなどの悪影響もやむを得ないが、景気が回復すれば荷主は戻ってくると考えていたようであった。

社内の共同運輸設立反対意見書

『伝記』によると、共同運輸設立に関する三菱の方針は、「偏へに既成権益を維持し、できる限り現状の変更を回避しやうとする防戦一方の立場であった」という（『伝記』下、五〇九頁）。もちろん三菱の社内で何の動きもなかったわけではなかった。「共同運輸会社設立の計画があると聞くや、三菱は要路の大官に意見書を提出して、その中止を求めようとした」と伝えられている（『伝記』下、五二〇頁）。明治一五年（一八八二）四月頃のことのようであるが、その趣旨は、「我国の海運界は運航区域が狭隘であり、産業もまだ発達していない今日、汽船会社の営業の基礎はきはめて脆弱である。今二社が併立するならば当然競争が起こり、海運の衰微を来すのは必至である。畢竟、国家の損失を招く」というものであった（『伝記』下、五二一頁）。

この意見書について弥太郎は、さすがに穏やかではないとして提出を見合わせさせたが、その後設立計画が進捗することを心配したためか、弟弥之助個人の意見として岩倉右大臣などの政府高官に送られた。そして、悪いことにこの個人的な意見が自由党系の新聞にスクープされ、三菱は政府の施策をみだりに批判していると非難される原因となった。そのため、弥太郎はじめ三菱側は、「会社の真意ではない」「社長はこの意見書に反対しており、反古同然の文書だ」などと弁明に努めなければならなかった。

政府部内には、三菱の「意見書」を新会社設立への妨害工作として、弥太郎に対して強硬な措置をとるべきだとの意見を述べるものもあり、松方大蔵卿の反対で取りやめになる一幕もあった。この経緯を聞いた弥太郎は、「政府に対して私心はないが、今後は大いに戒心し、謹慎の言動をしなければ」と語ったと言われている（『伝記』下、五三九頁）。

「両者親睦」の基本方針

そんな背景もあってか、共同運輸に対する弥太郎の営業方針は、「両社親睦」であり、競争を回避しようとするものであった。

もちろんまったく共同運輸の競争圧力が影響を与えなかったわけではなく、等閑視してよいものであったわけでもない。それが顕著であったのは、旅客部門であった。共同運輸では船客に焦点を絞って一種の「株主優待券」とでもいうべきサービスで運賃割引を行い、顧客を奪っていた。

ところが、これに対する三菱の対応は、かなり受け身であった。つまり、同等までの運賃の引き下げなどはやむを得ないとしても、三菱側から仕掛けることがないように注意していた。共同運輸の船船整備が進んで競争が本格化したと言われている明治一七年（一八八四）一一月の神戸支社からの書簡に対する回答では、共同運輸に追随した運賃引下げをある程度許容する回漕約定を結ぶことを三菱本社が認める方針にようやく転換したことがわかる。しかし、それでも三菱から競争を仕掛けたわけではなかった。

三菱の対応について、佐々木誠治は、共同運輸の船舶が不充分な時期に政府がしばしば速度制限の勧告を出して過度な競争を抑制しようとしたことに注目して、「三菱会社に対する抑圧を目的」としたものと捉えたうえで、「三菱会社の攻勢を阻止するため」と評価している（佐々木、二一六頁）。つまり、佐々木はこの時期に三菱は共同に対して攻勢的な競争を展開したと指摘しているのだが、そうした評価を裏付ける事実は見出しえない。

運賃以外の要素について、荷主の不満が強かったことは、これまで述べてきたところからも予想できるが、荷物の破損や紛失などの問題もしばしば発生しており、また、船客の扱いでもサービスの向上が求められていた。一八年（一八八五）初めに本社からは、船客サービスについて、共同運輸では昼夜とも一時間毎に巡回があり、船痛の者に薬を与えるなど接客扱いがよいのに比べると、三菱には問題があることが指摘され、改善に努めるようにとの指示が出ていた。

経営悪化の真因(1)
――デフレ圧力

こうしてみると、三菱では、明治一五（一八八二）年頃から営業の不振を意識しはじめていたが、その時の社内の共通認識は、デフレによる荷動きの減少と

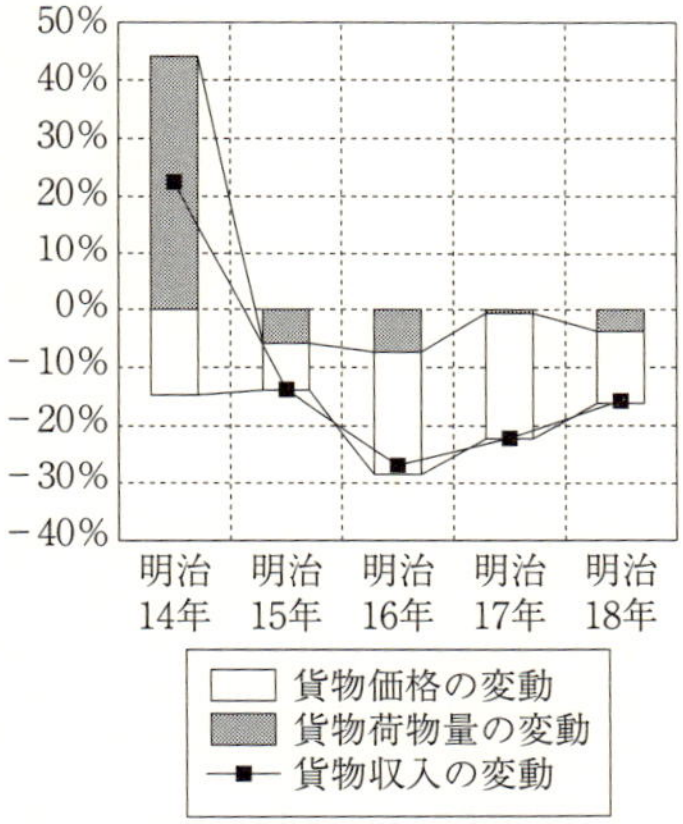

貨物運賃収入の変動要因

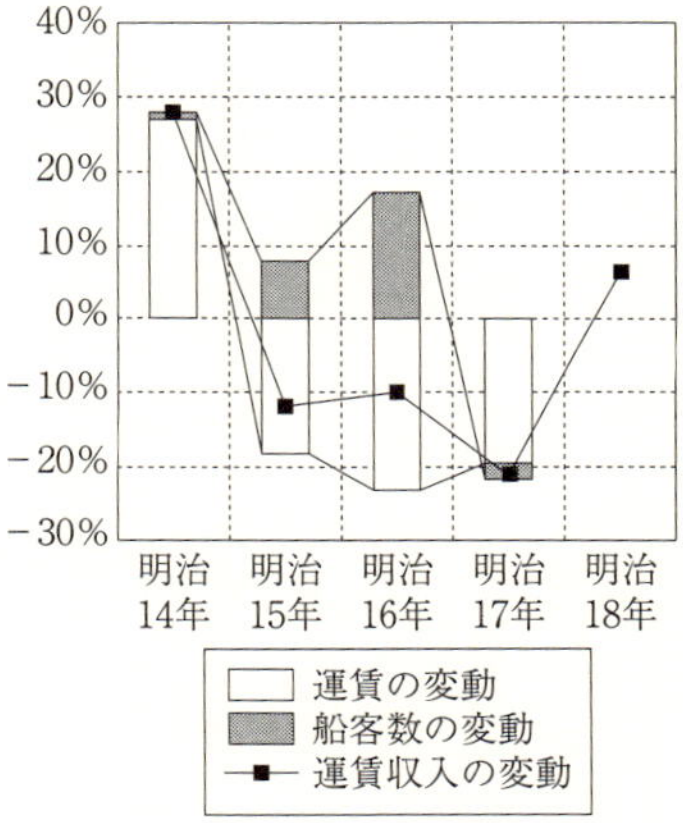

船客運賃収入の変動要因

（出典）　いずれも，関口・武田前掲論文。

いうものであり、共同運輸による競争は重要な要素とはなっていなかった。物価下落にあわせて荷主から運賃の引き下げ要求が強まり、共同運輸の潜在的な競争圧力が荷主の交渉力を与えていたというのが実態に近かったということになる。しかも、同調的な値下げを余儀なくされたとはいえ、三菱はできるだけ競争を回避しようとしていた。

これらの点を営業の実態の面からみると、まず第一に三菱の大幅な減収の理由の一つが、競合路線ではない、上海航路などの減収・香港航路の廃止などの要因によっていたこと、第二に、減収の要因を荷物数や船客数と運賃率との二つに分解して図示すると上記の図のように、荷物では、数量と賃率がともにマイナスになっていたとはいえ、影響の程度は数量の減少が大きく、船客では賃料は明治一六年（一八八三）まではむしろ上昇しているにもかかわらず、大幅な船客減で減収となっていたことが明らかになる。

「両社親睦」という対応を現場に求めた結果、三菱がとくに競争を回避しようとしたと考えられる船客部門では、神戸―横浜航路でみられたように、客数の減少による減収を甘受することを余儀なくされていた。しかし、その一方で、共同運輸の参入による運賃低下は、景気の底入れと重なったこともあって、輸送の量的な側面に注目すれば、競合路線で著しい積荷の減少に直面したわけではなかった。

経営悪化の真因(2)――経費の硬直性

経営悪化の要因として重要なのは、むしろ経費面での硬直性であった。外国汽船会社との競争などでは幹部社員から率先して給与の削減などを実施して経費節減に努めた弥太郎は、共同運輸参入への対応では先例とは異なる対応策を指示していた。航路の廃止などによって船舶の運航にかかわる直接の経費は節減されたとはいえ、本社や各支社の人件費などはほとんど削減されなかった。外国人の船員が多いことが制約になったかもしれないが、残された記録の中からは、かつての外国汽船会社との競争のときほどの強い危機意識を弥太郎が抱いていたとは伝わってこない。そのためもあって経費節減が進まず、経営収支を好転させるには至らなかったというのが真相のようである。

政府資金の返済

競争を仕掛けられた三菱がとったもう一つ重要な対応策は、政府からの借入金の繰上返済であった。弥太郎は明治一六年（一八八三）一〇月に船舶代金として残っていた対政府債務一〇五万六〇〇〇円を返済することにした。この資金は、西南戦争のときに無償貸与を受けていた船舶についての代価として上納することを約束した一二〇万円の政府資金であった。五〇年という超長期の借入金であったが、この借入金がある限り、第三命令書によって三菱はさまざまな面で政府の監督を受け、干渉を受ける可能性を避けられなかったからである。

返済の方法は、当時の独特の計算方法であるが、「利引き計算法」というもので、これで計算して三六万九一九〇円を実際に支払い、それによって全額返済したと認められた。返済を繰り上げる際には、返済期間中に支払うことになる金利分を元本から差し引いた金額を納めれば、全額返済と認めるという返済額の計算方法によるものであった。この方法で、三菱は長崎造船所の払下代金も大きな減額を受けたし、三菱だけの特例措置ではなく、多くの政商たちがこの恩典を利用している。

それはともかく、こうして弥太郎は、政府からの借入金を完済し、利子負担を軽減するとともに、第三命令書にある監督規制が緩和されるよう努めた。借入依存度が高いことがそれほど問題にはならなかったというのは、こうしたからくりがあったからである。

しかし、そうした経営努力のなかで、明治一八年（一八八五）の六月から八月にかけては、両社が破産寸前と危惧されるほどの激しい競争に陥ることになった。この最後の死闘は、本格的な参入後の共同運輸の経営も芳しい成績を収められず、追加的な政府援助が必要ではないかという混乱の中で、両社の協調の可能性が模索され、その一時的な「市場の平穏」のあとに訪れたものであった。そして、この間の死闘は、両社を合併して新たに日本郵船会社を設立することで、幕が引かれることになる。

4　日本郵船の設立と弥太郎の死

合併への道のり

政治的な対立が背景にあって、共同運輸と三菱との競争は過度に誇張されて伝えられてきた。そのため、たとえば農商務卿西郷従道は、頑強に抵抗する三菱に対して「三菱の暴富は国賊同様」と非難したといわれるが、これを聞いた弥太郎は、「政府が国賊というのなら、汽船をすべて遠州灘に集めて焼き払い、残りの財産は自由党に寄付しよう」と言ったと伝えられている。「売り言葉に買い言葉」という印象があるとはいえ、弥太郎が、このような批判に強く反発していたことは事実であったろう（『伝記』下、五六一頁）。谷干城は、この頃の弥太郎を評して、「氏はこの時、自己の精力と自己の財産のあらん限りを尽くして競争し、而して後倒るるの外なしと決心しいたり、罷り間違へば、何もかも悉く打捨ててしまはんとは、氏の平生の覚悟なりし」と書いている（『伝記』下、五六一頁）。

弥太郎としては、売られたけんかから逃げる気はなかったが、かといって進んで攻勢を仕掛けるつもりはなく、回漕部を分離してその損益を明瞭にしながら、奥帳場の方には多額の資金・資産を蓄えていたから、戦いへの備えもあったということであろう。簡単に引き下がる必要もなかったが、現場の疲弊には頭を痛めていたと想像される。

それ以上に困惑していたのは、政府や共同運輸の側であった。三菱批判の急先鋒であった品川弥次郎などは、政府の援助を追加して三菱をたたくべきだと強く主張していた。しかし、政府部内には海運業の将来を見通しながら、破滅的な競争だけは回避しようという動きが次第に出てくることになった。具体的には、明治一七年（一八八四）末以降、政府は両社の調停に乗り出し、翌年一月には西郷農商務卿が両社の幹部を招いて、運賃を協定するなどの方策によって競争を停止させ、二社体制の基礎を整えることを勧告した（佐々木、二二三頁、『伝記』下、五六五頁）。

料率協定の締結と競争の停止

これに対して、三菱では、一八年三月にそのような方策では、「恒久平和は実現しない」という趣旨の意見を政府に提出した。先にスクープされて物議を醸した弥之助個人名義の意見書と同趣旨であり、二社が共存できるほど日本の海運市場は十分ではないということであった。しかし、勧告に従った両社の交渉の結果、料金協定は、同三月中には実施に移され、一時的に競争は停止した。

競争の再開

ところが、その翌四月上旬に三菱は、農商務卿に対して共同運輸側が協定を守っていないとして、その責任を追及し、競争再開が不可避であることを通告した（佐々木、二二五頁）。田中惣五郎によると、この通告は、共同運輸と茶業組合との間で締結された契約が、協定を無視したものであることを「三菱側が嗅ぎつけたため」であったという（田中、三一九頁）。

実際に激しい競争が再開されたのは六月に入ってからであった（佐々木、二二五頁）。この再開の過程については、大石直樹の研究によれば、神戸港における回漕業者間での紛争が発生し、顧客の奪い合いに発展したために、現場主導で発生した混乱に引きずられるかたちで運賃引き下げ競争に陥ったという（大石直樹「三菱と共同運輸会社の競争過程」）。

攻勢に転じた三菱

「両社親睦」を現場に求めていた三菱本社も、この時には極めて激しい態度で競争に挑んだ。六月に高知支社宛の指令では、「貴地はまだ御進撃これなき由、此際充分劇戦いたし候方得策と存候。三割位（引下）にても宜敷御座候間、彼の得意を奪ひ候様御盡力願ひ奉り候」と書かれていた。また、横浜支社では三割、四割引という大幅値引きの船客運賃の指示も出されていた（『伝記』下、五七二頁）。

こうして競争が再開され、三カ月ほど三菱側も積極的に船客運賃を引き下げるなどの攻勢に出て、破滅的となった。三菱のこの方針を指揮したのは、弥之助であった。両社の協定案が検討されているさなかの、明治一八年二月に弥太郎は死去していた。この局面が、弥太郎の「弔い合戦」と呼ばれるのは、そのためである。

両社合同交渉の開始

その一方で、競争状態の先行きを心配し、両社の合同以外に打開策はないという判断のもとでの交渉も進められていた。政府に対して不屈の抵抗を続けようとしていた弥太郎とは異なり、弥之助や彼を補佐していた川田小一郎たちは、政府との協議にも応じ、あるいは共同運輸との話し合いの席にも着くなど、かなり柔軟な対応を示し始めていた。現場での激しい対立が昂じる裏面でのことであった。

共同運輸側では、この年四月に社長が森岡昌純に交替し、森岡と弥之助との間で合同問題についての協議が開始されていた。その結果、夏前くらいには合同での打開という方針で原則的には合意に至っていたという。

近藤廉平の遺稿に基づいて、『伝記』の伝えるところによれば、両者の会談は次のようなものであった。

「岩崎さん、打ち明けた所を言って頂きたい。このまま競争を続けるとしたら、三菱はどの位持ちますか」

「左様、一年は持ちませう。その後は全く一文なしになります」

「フーム、一年持ちますか。共同は百日です。すると百日で、三菱の天下になりますな」

「貴方のお話が事実なら、三菱は勝てませう。しかし勝っても満身創痍、その後は必ず外国汽船がやってきて、手もなく止めを刺すでせう」

「してみると、これは合同のほかないですな」

「その通り、合同のほか道はありません。森岡さん、私の方は、いくらでも犠牲は忍びます。国家のため、ここは一つ御盡力をおねがいします。」（『伝記』下、五七七頁）

共同運輸の設立にかかわった渋沢は、井上馨に「先会社［共同運輸］ハ今日を期し瓦解いたし候」と書き送っているが（小風、一八七頁）、共同運輸の経営の行き詰まりは、それほど厳しいものであり、合同以外には選択肢はなかったのであろう。三菱もこれに同意した。

日本郵船の設立

こうして、明治一八年（一八八五）九月二九日に日本郵船株式会社の設立が許可され、翌一〇月一日から営業を開始することになった。三菱が新会社に引き継いだ資産は六五二万円余りであった。新会社の大株主としての地位は得たものの、これまでの事業の柱であり、又創業以来の主業であった海運業務は三菱の手を離れることになった。海運業にかかわる物的な資産だけでなく、それまで弥太郎の事業を支えてきた多数の人材も新会社に移ることになった。三菱会社の従業員二一九七人のうち、管事の荘田平五郎以下、吉川泰二郎、近藤廉平、内田耕作、浅田正文など幹部をふくめて五一五名が新会社に移った。

激動の夏がこうして終わったが、佐々木によれば、「競争のための競争として、無謀な貨物運賃引下が行われ、それが日毎、船毎に激変し、しかも競争終結時には反動亦必死であるから、こうした競争による運賃低下は荷主から必ずしも歓迎されず、むしろ商業採算の確実な見通しを妨げるものとされた」と評価されているから（佐々木、二三三頁）、冷静な市場の参加者から見れば、合同による運賃の安定こそ歓迎すべきことであり、望ましい結果であったかもしれない。

弥太郎の死

弥太郎が「海運王」と呼ばれるほどに発展した三菱会社の海運事業が日本郵船設立へと向かうさなかの明治一八年（一八八五）二月七日、岩崎弥太郎は五二歳で死去した。

若い頃は健脚でならし、「平常着用した和服は、普通の人には大きすぎた」（『伝記』下、六四二頁）といわれるほどの体格のよかった弥太郎は、明治七年頃から頭痛に悩まされるようになっていた。この晩年の持病に加えて、明治一四年頃には胃病を患い、一時会社の執務を休むこともあった。この時には取り立てて重篤な状態になることもなく回復したかに見えたが、一七年に再発し、この年六月頃からは食欲が減退し、九月には眩暈のため昏倒するなどの状態となり、伊豆に転地療養することになった。

医者の診たては、慢性胃カタルで、規則的な運動と節制を進められたからという。元来が酒豪であり、事業のつきあいなどでの宴席も多く、その無理がたたったということであったろう。

転地療養中も事業の報告を受けるなど十分に休むこともなかったようであるが、一〇月には状態が改善されないまま、帰京して駒込の六義園別邸に移り、一切の来客を断って療養に努めることになった。東大医学部の外国人教授を招いて診察を受け治療を続けたが、回癒の兆しには遠く、日々衰弱の一途を辿った。この間にも会社の業務報告を受け、側近のものに会社との連絡を幾度となく命じるなど気力だけは旺盛だったという。

治療はゴム管を胃の中に入れて胃液をくみ出すなどの、今日では想像できないような荒療治もあった。しかし、そうした治療の甲斐もなく、年が明けて明治一八年一月には病状は一段と重篤となり、二月七日にはついに危篤状態となった。この日午後六時三〇分死去。病気は胃ガンであった。

臨終の地となった六義園別邸は、「事業上の憂悶を感ずる時は立派な庭園を見に行く。心気は忽ち爽快になり、鬱を散ずることができる。他に特別の趣味もないが、これが余の唯一の趣味である」（『伝記』下、六二九頁）と語っていた弥太郎が、清澄の別邸（のちの清澄庭園）とともに明治一一年に手に入れたところであった。このころ弥太郎は「自分の事業はまだ道半ばだ。小成に甘んじて家など作っていられない」と語っていたというが、庭園には力を入れ、清澄邸については、「深川親睦園」と命名して、賓客の接待や三菱社員の親睦の場所としていた。それらの庭園をさらに整備していくことが、弥太郎の夢の一つであった。しかし、その実現の機会は失われた。親睦園の規則に「飲酒は量りなし、各々その量を尽くすを限度とし、乱に及ぶ勿れ」とあった（『伝記』下、六六六頁）。酒豪であった弥太郎らしい言葉であったが、その酒が命を縮めたかも知れなかった。

弥太郎の遺言と遺産

遺言に、長男の久弥を嫡流として、岩崎の家と三菱の事業を継承させ、弟弥之助は後見として「毛利の小早川隆景を手本に」と言い残したと伝えられている。それは死の直前の弥太郎の言葉であった。

『伝記』によれば、弥太郎は、「我も東洋の男子と生れ、我が志す所未だ十中一二を為さず今日の場合に至る。最早仕方なし。川田、未練ではないが、今一度盛り返したし。抑も岩崎家は古来嫡流を尚《とうと》ぶの家なれば、久弥を岩崎家の嫡流とし、弥之助は之を輔佐し、小早川隆景の毛利輝元を輔佐する如くせよ。弥之助よ、小早川隆景を慕ひてやれ、孫権は望まぬぞ、弥之助、我の事業をして墜す事勿れ、弥之助、川田、我の志を継ぎ我の事業を落す勿れ」と語ったという（『伝記』下、六〇一～六〇二頁）。

弥之助と川田に託された「我の事業をして墜す勿れ」との遺言は、日本郵船設立までの激しい競争戦での攻勢的な三菱の姿勢に反映したのかもしれない。ただし、彼らの選択は、海運業の維持ではなかった。日本郵船へと事業を譲渡することで弥太郎が築いた海運王国はその手から離れたが、資産規模という点でみると、この変化は、三菱に新たな事業展開の資金的な基礎を与えた。その意味では、弥太郎の築いた事業資産は残った。「奥帳場」の記録によれば、回漕部への出資額は、明治一七年には九一万円に過ぎなかったが、明治一八年には三〇〇万円近い資産収益として「奥帳場」に還流したからである。高島炭坑や長崎造船所などの事業経営だけでなく、日本郵船の株式をはじめとする多額の有価証券や預金などが弥太郎の死後、久弥・弥之助の手元には残っていた。

弥太郎以後の三菱

明治一九年（一八八六）三月、三菱は新しい事業、つまり造船業や鉱山業などの経営に乗り出すために、新しく三菱社を設立し、さらに経営の多角化に乗り出していった。この新しい三菱社の中心になったのが弥太郎の弟の弥之助である。

三菱社は、海運以外の弥太郎が着手した事業を継承していた。それは吉岡銅山、高島炭坑、長崎造船所などであり、それ以外にも三菱は、貿易業務や金融業務などにもかかわった経験もあった。『伝記』によれば、弥太郎が手掛けた事業分野は、鉱山、造船、金融、貿易、倉庫、保険、鉄道、水道など多岐にわたるという。また、土佐での樟脳事業や生糸事業も経営した。鉱山関係では、九十九商会時代に入手した紀州炭坑がもっとも早く、次いで、吉岡銅山は、三菱最初の金属鉱山となり近藤廉平、長谷川芳之助、原田慎吾などの人材を育てた。P&O社との競争に際して開始された荷為替業務は、一七年一一月に清算に入り翌年八月に清算完了となったが、この清算に関連して函館の百十九国立銀行、百四十九国立銀行の業務を継承することになり、百十九国立銀行の名称で営業を続けることになった。これが後の三菱銀行の起源となる。また、貿易関係では福澤諭吉との合作で明治一三年七月に資本金二〇万円で貿易商会を設立し、福澤門下の早矢仕有的を社長、朝吹英二を支配人として生糸の直輸出に従事した。しかし、この事業は明治一四年以降のデフレ政策の影響で生糸輸出が不振となり一九年には営業停止状態となった。こうした弥太郎が着手した事業のなかでも、のちの三菱の事業の柱としてもっとも成功したのが高島炭坑であり、長崎造船所の経営であった。

弥太郎の時代に着手されていた多角化の芽は、しかし、そのほとんどが主業の海運に比べれば実績もなく収益性も不明確なものであった。日本郵船の設立によってその主業を失った三菱は、そうした弥太郎が蒔いた種を手がかりに、明治二〇年代に、のちの三菱財閥の骨格を形づくることになる。それは、尾去沢・荒川などの買収、佐渡・生野鉱山の払い下げなどによる金属鉱山部門の拡張であり、筑豊炭田への進出を中心とする石炭鉱業部門の拡充、銀行の設立、丸の内の土地買収、鉱物販売に関わる商社業務の拡充などであった。この一連の経営多角化は、政商の時代が終わり、日本が産業革命の時期にさしかかるときに、岩崎家の事業が三菱の商号のもとにまったく新しい事業形態へと脱皮していくための試行錯誤の過程であった。政商の時代は弥太郎の死と日本郵船の設立で終止符をうち、後を継いだ弥之助・久弥・小弥太の手で三菱は財閥へと発展していくことになった。

参考文献

石井寛治「銀行創設前後の三井組」『三井文庫論叢』一七号、一九八三年
石井寛治『開国と維新』小学館、一九八九年
市川大祐「三菱の海運経営と北海道航路の展開」『三菱資料館論集』第四号、二〇〇三年
岩井良太郎『三菱コンツェルン全書』春秋社、一九三七年
岩崎弥太郎・弥之助伝記編纂会『岩崎弥太郎伝』上・下、一九六七年
岩崎弥太郎・弥之助伝記編纂会『岩崎彌太郎日記』一九七五年
入交好脩『岩崎弥太郎』吉川弘文館、一九六〇年
大石直樹「初期三菱の高島炭坑経営」『三菱史料館論集』第六号、二〇〇五年
大石直樹「初期三菱の事業化と資金循環」『経営史学』第四〇巻三号、二〇〇五年
大石直樹「長崎造船所における新船建造事業の確立」『三菱史料館論集』第七号、二〇〇六年
大石直樹「三菱と共同運輸会社の競争過程」『三菱史料館論集』第九号、二〇〇八年
粕谷誠「海運保護政策と三菱」『三菱史料館論集』第三号、二〇〇二年
川村晃『物語と史跡をたずねて　岩崎弥太郎』成美堂出版、一九八〇年
木内鋏三郎『岩崎弥太郎君伝』一八八五年
邦光史郎『巨人岩崎弥太郎』上・下、日刊工業新聞社、一九八一年

小風秀雅『帝国主義下の日本海運』山川出版社、一九九五年
小林正彬『政商の誕生』東洋経済出版社、一九八七年
小林正彬『三菱の経営多角化　三井・住友と比較』白桃書房、二〇〇六年
坂元茂樹「坂本龍馬と万国公法」『書斎の窓』六〇〇号、二〇一〇年
佐々木誠治『日本海運競争史序説』海事研究会、一九五四年
嶋岡晨『実業の詩人・岩崎弥太郎』名著刊行会、一九八五年
鈴木良隆「初期三菱の人びと」『三菱史料館論集』第二号、二〇〇一年
鈴木良隆「初期三菱における外国人について」『三菱史料館論集』第一号、二〇〇〇年
関口かをり「岩崎家の資産形成と奥帳場」『三菱史料館論集』第二号、二〇〇一年
関口かをり「初期三菱における組織と経営」『三菱史料館論集』第三号、二〇〇二年
関口かをり・武田晴人「郵便汽船三菱会社と共同運輸会社の『競争』実態について」『三菱史料館論集』第一一号、二〇一〇年
高村直助『再発見　明治の経済』塙書房、一九九五年
武田晴人『日本経済の事件簿』新曜社、一九九五年
武田晴人『財閥の時代』新曜社、一九九五年
武田晴人「創業期の三菱造船所」『三菱史料館論集』第二号、二〇〇一年
田中惣五郎『岩崎彌太郎』千倉書房、一九四〇年
中西洋『日本近代化の基礎過程　長崎造船所とその労資関係』東京大学出版会、一九八二～二〇〇三年
南海漁人『岩崎弥太郎』集文館、一八九九年
日本近代史研究会編『画報近代百年史　第二集』国際文化情報社、一九五一年

参考文献

日本経営史研究所編『日本郵船株式会社百年史』一九八八年
日本郵船株式会社編『日本郵船株式会社五〇年史』一九三五年
旗手勲『日本の財閥と三菱』学游書房、一九七八年
弘松宣枝『岩崎彌太郎』民友社、一八九九年
松村巌『岩崎彌太郎』東亜堂書房、一九〇四年
三菱経済研究所『美福院手記纂要』二〇〇五年
三菱経済研究所『岩崎東山先生伝記』二〇〇四年
村上元三『岩崎弥太郎』朝日新聞社、一九六四年
山崎有恒「官業払い下げをめぐる工部省の政策展開とその波紋」『史学雑誌』第一〇二編第九号、一九九三年
山路愛山『岩崎彌太郎』東亜堂書房、一九一四年
山本有造『両から円へ』ミネルヴァ書房、一九九四年

おわりに

近代的な企業経営のパイオニアとしてみたとき、岩崎弥太郎は、四十代になって本格的に仕事を始め、一二年余りの間に海運業で巨額の財を成した人物ということができる。明治初期の富豪番付によると、明治一二年（一八七九）の番付に岩崎の名前を見出すことはできないが、明治二一年（一八八八）の番付には、弟弥之助の名前で、一挙にトップクラスにランクされている。

その生涯を振り返ってみると、土佐藩の経済官僚として世に出て、その経験を元手に事業を起こし、官途につく道を失って実業に活路を見出して成功したということになる。こう書くと一筋の道のようにみえるとはいえ、その実は決してそれほどはっきりとした道をひたすら邁進してきたという姿とは遠いものだったというべきだろう。維新の前後には、実業以外の「出世」の道を模索し、それを希望していたのではないかというのが、本書の基調として著者が描いてきた弥太郎の姿である。

この迷いとともに、岩崎弥太郎の、とりわけその前半生を特徴づけているのが、「気ままで、腰の据わらない」、そのために無為に過ごし、維新の変革には「遅れてきた青年」としてバスに乗り遅れた印象が強いことだろう。安政六年（一八五九）にはじめて藩の職を得たのが二六歳の時であったことは、その出身階層が極めて低い地下浪人クラスであったことから見て、やむをえない面があるかもしれない。しかし、それから長崎土佐商会主任として継続的に藩の仕事に就くようになる慶応三年(一八六七)までの七年弱(正確には八一カ月)のうち、弥太郎が藩の仕事に就いていたのは、わずかに一四カ月にすぎなかった。中断した期間については、十分な記録がなく、それだけフィクション作家から見れば、想像をたくましくした物語を書き加えることは可能だが、それ故に実像がますますわかり難くなっているといわざるをえない。長崎主任となる三四歳の時まで、現代流にいえば「フリーター」的に気ままさを脱しないまま模索の日々が続いていたということになる。

後半生については、「政商」というイメージが色濃くつきまとう。しかし、これについては、弥太郎が土佐藩時代からの人的なつながりを利用して、有利な情報を得ることができる面をもっていたとはいっても、自ら進んで政商的な利益を求めたというよりは、「政府に選ばれて」政商としての役割を果たすことになったという方が適切ではないかということになる。政府からの情報の収集などにもっと熱心であれば、十四年政変前後の身の処し方も変わったかもしれないが、そうした配慮は十分ではなかったようである。

明治時代からいくつも書かれている伝記類には、弥太郎と政府との癒着振りについてさまざまな疑惑が語り継がれてきたが、確証に乏しいものが多いということも強調してよいだろう。それほど話題になるほどの人物であったし、それらの物語の中にもいくらかの真実はあるのではないかとも考えられる。それをこれ以上詮索し、明らかにする文書等の史料は管見の限り見出すことはできない。もちろん、だからといって、弥太郎の政商としての性格を否定する必要はない。岩崎弥太郎は、政府あるいは政策に密着した実業家であり、それ故に巨額の利益を上げうる事業機会を手にしたことは間違いなかった。

ここで強調されているのは、政府の意図や政策の目的は、三菱を保護することではなかったことである。ねらいは、自前の海運を育てることであり、それによって貿易を振興し外資を節約すると同時に、有事の輸送に支障が生じないようにすることにあった。そして、その担い手としては二番手候補であった弥太郎が選ばれたことになる。弥太郎はその期待に十分に応えた働きをしたということもできる。

しかし、こうして実現した弥太郎の巨大な事業は、その特権性によって事業機会の平等を求める時代の新しい流れから見れば、明らかに批判される余地のあるものとなっていた。晩年の弥太郎が直面したのは、そうした時代の速い変化であった。しかも、その特権的な地位にある政商たちの中で、三菱がことさらに厳しい批判を浴びた理由は、それだけ強い影響力を持つ成功者と見なされていたからであろう。

最後に、この成功を決定づけた要素として、弥太郎の個人的な資質や指導力は別にして、二つのことを付け加えておこう。

一つは、「社長独裁」と呼ばれるほど強い権限の集中が強調されがちな三菱の事業組織は、弥太郎を補佐する多数の優秀な人材によって支えられていたことである。人材を集めて彼らに権限を与えて力を存分にふるわせたことに、トップとしての弥太郎の特長があったということである。そしてもう一つは、この事業組織が「奥帳場」の存在に示されるように出資や利益の配分に関して岩崎家の個人事業としての性格が強く、維新期に日本に紹介された株式会社制度などの新しいやり方とは一線を画したことであろう。

この二つ目の点については、しばしば株式会社制度の普及に熱心であった渋沢栄一と対比されるが、それは渋沢の次のような回想に基づいている。

或る時岩崎氏からお目にかかりたい、舟遊びの用意がしてあるから、と云ってきた。私は増田屋へ行って居り、すぐには行かずに居ると、度々使を寄すので、岩崎の居る柏屋に行くと、芸者を十四、五人も呼んで居る。二人で舟を出し網打ちなどした処、岩崎氏は『実は少し話したいことがあるのだが、これからの実業はどうしたらよいだらうか』と云ふので、私は『当然合本法でやらねばならぬ、今のようではいけない』と云った。それに対し岩崎は『合本法は成立せぬ。もう少し専制主義で個人でやる必要がある』と唱へ、大体論として『合本法がよい』『いや合本法は悪い』と論じ合ひ、はては結末がつかぬので、私は芸者を伴れて引き上げた。（『伝記』下、六七二頁）

このように近代的な企業組織としての株式会社の有用性を確信していた渋沢に対して、弥太郎は、あくまで「立社体裁」の基本的な考え方を譲ろうとしなかった。しかし、これまで書いてきたことからもわかるように弥太郎はすべての権限を集中して、スーパーマンのように諸事を処理したわけでなかった。むしろ大規模な事業組織としての内実をもった企業を作り上げたのは、人材を有効に活用しながら築き上げられた三菱の方ではなかったかと考えられる。その主張の実質を考慮すると、弥太郎が近代的な企業組織の要諦を理解するという点で、渋沢とは別の角度であったとはいえ、対等以上の存在であったということができる。

末尾ながら、本書の執筆の機会を与えてくださったミネルヴァ書房と同社日本評伝選監修委員に心から感謝したい。岩崎弥太郎に関する研究を重ねてきたわけではない著者が、執筆にあたり多くの先学の業績に依拠しながら、それを十分に紹介しえていないなどの不備な点が多々あると思われる。それらの点は著者の責任であり、率直なご批判頂きたいと思う。

二〇一〇年四月

武田晴人

資料1

三菱会社

第一命令書

今般本邦海運ノ事業ヲ拡張セシムベキ目的ヲ以テ、別紙船名簿ニ記載スル東京丸外拾貳艘之汽船及ビ是ニ属スル諸器品トモ無代価ニテ其社ヘ下ゲ渡シ、且其運航費助成金トシテ壱ケ年金貳拾五万円ヲ給与候ニ付、左之箇條ノ通リ可相心得事

第一條

一　右各船ハ下ゲ渡シタル當日ヨリ其社ノ所有ト明告シ、且其所用ニ任ズト雖、之ヲ賣拂或ハ質入レシ又各船及ビ助成金ヲ抵當トシテ他ヨリ借財スベカラズ。若シ事業ノ進挙ヲ謀ルガ為メニ之ヲ賣拂或ハ質入レシ、或ハ抵當トシテ借財シ、或ハ便宜ニ依テ解船スルコトアラバ、豫メ其原由ヲ開申シ許可ヲ得テ後著手スベシ

第二條

一　期限中何等ノ事故ト原由ヲ問ハズ閉社或ハ解社セバ、其損益中ニ此船代価ヲ算入セズ總テ之ヲ返納スベシ。尤許可ヲ得テ後質入レ或ハ抵當トナシタル分ハ其計算中ニ加テ妨ゲナシトトス

第三條

一　各船トモ船長其他ノ士員水火夫ニ至ル迄熟練優等ノ中外人ヲ精選シテ乗組マシムベシ。又當寮或ハ其筋ヨリ試験ヲ要スル時ハ毎時其命ヲ奉ズベシ

第四條

一　各船ノ船体及ビ機械等ノ修繕掃除ハ毫モ怠ルベカラズ。當寮或ハ其筋ヨリ時々是ガ検査ヲ為シ、之ニ就テ指令スル事アラバ其命ニ悖ルベカラズ

第五條

一　乗組士員等ノ試験、船体機械及ビ会計之検査其他ノ命令ニ就テ其社ノ事務ヲ妨害シ、或ハ損失ヲ生ゼザル様注意スベシ。若シ為メニ妨害損失ヲ生ズルトキハ之ヲ弁明シ、或ハ其償ヲ請求スルコトヲ得ベシ

第六條

一　上海ヘノ運航ハ従前ノ如クシ内国環海ノ定期運航ハ計算相當ヲ目途トシ、協義ヲ以テ漸次開進セシムベシ。計算不當之場所ヘ定期運航ヲナサシムルトキハ別ニ相當ノ助成金ヲ給与スベシ

第七條

一　会計ハ最モ精確ニシ毎月月報表ヲ差出シ、當寮或ハ其筋ノ検査ヲ受クベシ。若シ其会計ニ乱雑アレバ命ジテ之ヲ整理セシメ、冗費アレバ又省減セシムベシ

第八條

一　郵便物及ビ是ニ属スル器物ハ一船一度ノ重量百貫目迄ハ無賃、百貫目以上ハ現時相當ノ賃ニテ運送シ、且其運送方法ハ總テ當寮ノ規則ヲ守ルベシ。又郵便船ト定ムル分ノ發著時日ハ當寮ノ指令ニ遵フベシ

第九條

一　其社ノ固有船ハ勿論右各船ト雖モ其運用方法ハ其社ノ都合ニ任ズベシ。然レドモ若シ船上必需之備用品ニ缺乏アリ、或ハ危険不安之挙行アルガ如キハ、命ジテ之ヲ備ヘシメ或ハ令シテ之ヲ止シムベシ

第十條

一　本舗及ビ支店ノ作行其他会社ノ事務執行ノ方法ヲ立ルハ固ヨリ社長ノ特権ニ在リト雖ドモ、其執行ノ整否ニ依リ政府ノ損失ヲ生ズベキ事件ニ就テハ命ジテ改正セシムベシ

第十一條

一　商船私学及ビ水火夫取扱所ヲ設立シ、海員教導ノ方法ニ従事スベシ。其設立ヲ准允シ其方法ヲ許可スルトキハ、其日ヨリ一ケ年一万五千円ノ割合ヲ以テコレガ助成金ヲ下与スベシ

第十二條

一　此書ヲ受取タル日ヲ以テ其社改革ノ第一日トナシ、夫ヨリ既往ノ会計ハ別途ニ之ヲ処分スベシ。又将来其社名ヲ以テ他ノ営業ヲ為スベカラズ

第十三條

一　平常非常ニ拘ハラズ政府ノ要用アルトキハ、右各船ハ勿論其社ノ固有船ト雖ドモ社務ノ都合ヲ問ハズ使用スベシ。然レドモ其運賃ハ時々相當ノ額ヲ拂フベシ

第十四條

一　右ノ箇條ヲ此書ノ日附ヨリ十二ケ月間確守遵奉シテ其事務ヲ執行シ、会計簡明ニ事務整粛シ、将来事業ノ実況進挙ノ成端ヲ視ルニ於テハ、夫ヨリ以往十四ケ年ヲ期限トシ尚此現事ヲ続カシムベシ。然レ共其期限中前ニ掲グル條件ノ命令ヲ理無クシテ遵奉セズ、或ハ社業不正ニシテ国損ヲ生ズル実徴アルニ於テハ、何時ニテモ右汽船ヲ取揚ゲ助成金ノ給与ヲ絶ツテ休止セシムベシ。然レ共亦能ク命令ヲ遵奉シ事業ヲ進挙セシムルニ於テハ、政府ノ都合ヲ以テ其期限ノ約ヲ破ルベカラズ

第十五條

一　右執行ノ続否ハ十二ケ月ノ期限ヨリ二ケ月以前ニ報告シ、且之ヲ休止スル場合ニ就テハ、社業ニ於テ何様ノ不都合何等ノ不條理アリテ休止スベキ旨ヲ明告シ、又之ヲ続カシムルノ場合ニ於テハ若干助成金ヲ増減シ、幾何箇條ヲ加删スベキ旨ヲ協議スベシ

第十六條

一　其報告ノ時ニ方リ明告スル所ノ事故ト條理ニ就テ甘服シ能ハザル次第アラバ、反復之レヲ弁明シ或ハ弁解ヲ請フコトヲ得ベシ

第十七條

一　事業ハ渾テ十五ケ年ヲ目途トシテ起興著手シ、必ラズ一ケ年ノ期限ヲ度トナシ姑息ノ作行ヲナス

ベカラズ。故ニ假令バ各船ノ大修繕、模様替、汽鑵ノ入レ換、或ハ商船私学等ノ設、或ハ之ニ属スル要具ノ備ヘ其他ノ費額ハ、若シ十二ケ月ノ期ニ至リ休止ノ命ヲ下ストモ、其當然ノ理アル部分ハ之ヲ政府ニ属シテ相當ノ金額ヲ下ゲ渡スベシ

右之條款内務卿之命ヲ以テ相達候也

明治八年九月十五日

驛逓頭　前島　密

(『伝記』下、一四二～一四八頁)

資料2

郵便汽船三菱会社

第三命令書

第一條

其社ノ本業ハ海上運漕ヲ専ニシ、決シテ商品賣買ノ事業ヲ営ム可ラズ

第二條

従前其社へ下ゲ渡シタル各船ハ、其社ノ所有ナリト雖モ、右ニ對スル拂下代金百貳拾万円ヲ皆納スルニ非レバ、別段ノ許可ヲ得ズシテ之ヲ他ニ質入又ハ賣却スルヲ許サズ

第三條

政府ノ貸下金ヲ以テ買入又ハ大修繕ヲ加ヘタル各船ハ其貸下金ヲ皆納スルニ非レバ、別段ノ許可ヲ得ズシテ之ヲ他ニ質入又ハ賣却スルヲ許サズ

第四條

其社ノ汽船ハ正味登簿噸數貳万貳千噸ヲ最下トシ、之ヨリ増加ノ目的ヲ以テ舊船ヲ改良シ、新船ヲ製造シ、或ハ買入、以テ漸次老船ト輪換セシム可シ

第五條
各船ノ船体機關ハ少クモ毎年一回之ヲ検査スベシ。但其船名、時日、場所等ハ豫メ其社ニ於テ指定シ、検査員ノ派出ヲ乞フ可シ
第六條
新船製造、買入ハ勿論、其他船体機關ノ模様換、又ハ大修繕ノ時ハ豫メ本局ヘ届出ベシ
第七條
新船製造、買入、又ハ大修繕等ノ準備トシテ、従前ノ通年々公債證書拾八万円ヲ本局ニ預ケ置ベシ、此準備金ハ本條ノ費途ニ限リ使用セシム可シ
第八條
助成金ヲ下与スル各線路ノ郵便船ハ、最モ堅牢安全ニシテ且迅速ナルヲ要ス。上海線路ヲ航スルモノハ一時間拾壱「ノット」以上ノ速力ヲ有スルモノニ限ルベシ、且該線路ハ非常天災ノ外、必ズ其定期ヲ減ジ、又ハ變更ス可ラズ
但太平海郵船会社等ノ如キ海外船ト接続ノ約定ニ由テ伸縮スルハ此限ニ非ズ
第九條
官立学校ニ於テ航海汽關ノ学課ヲ卒業シタル生徒ハ、実地海上修業ノ為メ、本局ヲ経テ其社ノ各船ヘ乗込シムル事アルベシ。若シ其社ノ業務ニ差支アル時ハ其事由ヲ開申スル事ヲ得ベシ
第十條

内外各線路ノ運賃額不當ナル時ハ、相當ノ額ニ釐革セシムルコトアルベシ。然レドモ當然生ズ可キ航海ノ利益ヲ失ハシムルガ如キ額ニ逓減スル事ナカルベシ

第十一條

第一命令書第十三條ニ從ヒ、政府ニ於テ其社ノ汽船ヲ使用スル時ハ、左ニ掲ル割合ヲ以テ運賃ヲ拂フベシ。而シテ使用ノ日數ヲ計ヘルハ、最初出發ノ港ニ於テ航海ノ準備ヲ始ムル日ヨリ帰港ノ上其航海ノ事務ヲ全ク終ヘタルノ日ヲ限トスベシ

但非常ノ時使用シタル汽船、敵兵ノ襲撃又ハ測量未済ノ場所へ航海セシメタル等ニ依リ、損害ヲ生ジタル時ハ、其事由ヲ査明シ相當ノ償金ヲ給スベシ。然レドモ其社又ハ乗組員ノ過失ニ依リ生ジタル損害ハ限ニ非ズ

総噸數千五百噸以上ハ　一ケ月壱噸ニ付銀貨四円五拾銭
仝　八百噸以上千五百噸未満ハ　一ケ月壱噸ニ付銀貨五円拾銭
仝　八百噸未満ハ　一ケ月壱噸ニ付銀貨五円八拾銭

前三項ノ賃銀ハ他ノ通貨ニテ拂フ事アルべシ。然レドモ其時ノ相場ニ割合ヒ仕拂フモノトス、且又使用ノ日數ハ三十日未満ノ時ハ一割ヲ増加シ、十五日未満ノ時ハ貳割ヲ増加シタル運賃ヲ拂フベシ

右ノ外石炭及ビ船客ノ食物ハ現品又ハ代価ヲ以支給シ、其他特ニ命ジテ別段ノ装置ヲナシ、又ハ艀舟及人夫ヲ使用シタル時ハ其費用ヲ拂フベシ

第十二條

右條款ノ命令ヲ違背シタル時ハ、事ノ軽重ニ随ヒ相當処分スベシ

第十三條

従前附与シタル第一及ビ第二命令書ハ本書ヲ以テ修正變更シタル條款ヲ除クノ外、都テ其効力ヲ存スルモノトス

但船舶無代価云々ニ係ル條款ハ、明治十年驛第二十九號當局達ノ通タルベシ

第十四條

第二命令書第二條ニ掲グル期限ニ至リ、更ニ命令書ヲ以本務ヲ保続セシムル事アルベシ

右農商務卿ノ命ヲ以相達候也

明治十五年二月廿八日

驛逓総官　野村　靖

(『伝記』下、四九八〜五〇四頁)

岩崎弥太郎略年譜

和暦	西暦	齢	関係事項	一般事項
天保 五	一八三五	1	12・11土佐国安芸郡井ノ口村に生る（西暦では一八三五年一月九日に当たる）。	
一三	一八四二	9	此年より小牧米山に学ぶ。	
弘化 四	一八四七	14	4月高知藩校にて学業試問をうけて賞を賜はる。10月藩主に奉迎の詩を呈し賞を賜はる。	
嘉永 元	一八四八	15	3月高知に赴き岡本寧浦の塾に学ぶ。	
四	一八五一		1・8弟弥之助生る。	
六	一八五三	20		6月ペリー浦賀に来航。
安政 元	一八五四	21	9月奥宮慥斎に従ひ江戸遊学の途に上る。	3月日米和親条約調印。
二	一八五五	22	1月安積艮斎の塾に入る。12月帰郷。	12月幕府長崎で海軍伝習開始。
三	一八五六	23	6月庄屋との訴訟事件に坐し獄に下る。	
四	一八五七	24	1月出牢。4月追放処分になり神田村に流寓す。	
五	一八五八	25	此年、吉田東洋の門下生となる。	6月列国と通商条約締結。安政の大獄。

安政 六	一八五九	26	6月初めて藩職に就く（郷廻の役）。8月長崎出張の命をうけ、10月下許武兵衛と出立す。	
万延 元	一八六〇	27	4月長崎より帰り、職を免ぜられる。	2月咸臨丸米国へ出航。3月桜田門外の変。
文久 元	一八六一	28	此年、郷士の家格を回復す。	
二	一八六二	29	2・1高芝喜勢と結婚。6月藩主山内豊範上洛の隊列に入る。7月大坂より帰国を命ぜられる。	4月吉田東洋暗殺さる。
三	一八六三	30	3月高知を引払い、郷里の田地開墾に従事。	8月八月一八日の政変。
元治 元	一八六四	31		8月第一次長州征伐。
慶応 元	一八六五	32	8月長男 久弥生る。同月 三郡奉行の下役に召出さる。	
二	一八六六	33	2月土佐開成館設立、開成館貨殖局下役に出仕、3月辞職。	1月薩長提携成立。 7月第二次長州征伐。
三	一八六七	34	3月開成館長崎出張所に勤務、6月その主任者となる。7月英国水兵殺害事件発生しパークス公使と談判す。10月京都に赴き、11月長崎に帰る。11月新留守居組に昇進。	11月徳川慶喜大政奉還。坂本龍馬暗殺。
明治 元	一八六八	35	1月長崎商会を辞し京都に赴く。2月再び長崎に戻り、商会に勤務。閏4月長崎商会閉鎖。	1月王政復古令を発す。
二	一八六九	36	1月開成館大阪出張所に転勤。7月開成館幹事心得	6月諸侯版籍を奉還。

			を命ぜらる。12月高知藩権少参事に昇進。	
三	一八七〇	37	8月権大属に降等、閏10月旧官に復す。10月開成館大阪商会を藩営より分離、九十九商会と称す。閏10月土佐藩少参事に昇進。	
四	一八七一	38	5月紀州新宮藩の炭坑を租借経営。7月廃藩置県により藩吏の職を辞す。	
五	一八七二	39	1月九十九商会を三ツ川商会に改む。県庁より樟脳事業と生糸事業を払い下ぐ。	11月太陽暦採用決定。
六	一八七三	40	3月三ツ川商会を三菱商会と改称。12月吉岡銅山を経営。	1月徴兵令。7月地租改正条例制定。10月征韓論争で西郷・板垣ら下野。
七	一八七四	41	4月三菱商会の本拠を東京に移す。7月台湾出兵の軍事輸送を受命。この頃、三菱蒸汽船会社と改称。	5月台湾出兵。11月小野組・島田組破綻。
八	一八七五	42	2月上海定期航路を開く。9月第一命令書を受け政府の保護助成と管理を受ける、この時郵便汽船三菱会社と改称。9月江華島事件勃発、軍事輸送を受命。10月米国太平洋郵船会社の日清間航路を買収。12月三菱製鉄所を創立（造船工場）。	9月江華島事件。
九	一八七六	43	1月三菱商船学校設立。6月東京商業会議所議員を命ぜらる。8月英国P&O汽船会社を駆逐す。9月	8月金禄公債証書発行条例。

九	一八七六	43	政府第二命令書を交付。10月萩の乱の軍事輸送受命。	
一〇	一八七七	44	2月西南戦争の軍事輸送を受命。	2月西南戦争。
一一	一八七八	45	3月三菱商業学校設立。	5月大久保利通暗殺。
一二	一八七九	46	7月東京海上保険会社の設立を援助す。	
一三	一八八〇	47	4月三菱為替店設立（金融、倉庫事業の始め）。千川水道会社設立。7月貿易商会設立。	3月愛国社、国会期成同盟と改称。11月工場払下概則制定。
一四	一八八一	48	3月高島炭坑を買収経営。7月明治生命保険会社の設立を援助す。此年、日本鉄道会社の設立に参加す。	10月明治一四年政変により大隈罷免、以後松方大蔵卿による紙幣整理。
一五	一八八二	49	2月政府第三命令書を交付。4月三菱商船学校を政府に上納。	6月日本銀行条例制定、10月設立。
一六	一八八三	50	1月共同運輸会社開業し三菱と競争を惹起す。	
一七	一八八四	51	5月三菱商業学校閉鎖。6月工部省の長崎造船局を借下げ。8月この頃より胃病を発す。	10月秩父事件。
一八	一八八五	52	2・7弥太郎没（満五〇歳一カ月）。2月弟弥之助三菱社長に就任。9月三菱、共同両社合併し日本郵船会社を設立、三菱は海運業を閉鎖。	12月内閣制度設置。
一九	一八八六		3月岩崎弥之助三菱社を設立、三菱事業の再興をはかる。	

人名索引

事項索引

さ　行

た　行

な　行

は　行

ま　行

や　行

ら　行

《著者紹介》

武田晴人（たけだ・はるひと）

1949年　東京都生まれ。
1979年　東京大学大学院経済学研究科博士課程単位取得退学（1988年，経済学博士）。
東京大学社会科学研究所助手，同大学経済学部助教授・教授を経て
現　在　東京大学大学院経済学研究科教授。
単　著　『日本産銅業史』1987，東京大学出版会
『日本の歴史19　帝国主義と民本主義』1992，集英社
『財閥の時代』1995，新曜社
『日本人の経済観念』1999. 岩波書店
『世紀転換期の起業家』2004，講談社
『仕事と日本人』2008，ちくま新書
『日本近現代史8　高度成長』2008，岩波新書
編　著　『日本産業発展のダイナミズム』1995，東京大学出版会
『地域の社会経済史』2003，有斐閣
『日本経済の戦後復興　未完の構造転換』2007，有斐閣
『日本の政策金融（Ⅰ，Ⅱ）』2009，東京大学出版会（宇沢弘文と共編著）
『日本経済史（5，6）』2010，東京大学出版会（石井寛治，原朗と共編著）
など。

ミネルヴァ日本評伝選
岩崎《いわさき》　弥太郎《やたろう》
——商会之実ハ一家之事業ナリ——

2011年3月10日　初版第1刷発行　〈検印省略〉

定価はカバーに
表示しています

著　者　武　田　晴　人
発行者　杉　田　啓　三
印刷者　江　戸　宏　介

発行所　株式会社　ミネルヴァ書房
607-8494 京都市山科区日ノ岡堤谷町1
電話 (075)581-5191(代表)
振替口座 01020-0-8076番

© 武田晴人，2011〔095〕
共同印刷工業・新生製本

ISBN978-4-623-06020-7

Printed in Japan

刊行のことば

歴史を動かすものは人間であり、興趣に富んだ人間の動きを通じて、世の移り変わりを考えるのは、歴史に接する醍醐味である。

しかし過去の歴史学を顧みるとき、人間不在という批判さえ見られたように、歴史における人間のすがたが、必ずしも十分に描かれてきたとはいえない。二十一世紀を迎えた今、歴史の中の人物像を蘇生させようとの要請はいよいよ強く、またそのための条件もしだいに熟してきている。

この「ミネルヴァ日本評伝選」は、正確な史実に基づいて書かれるのはいうまでもないが、単に経歴の羅列にとどまらず、歴史を動かしてきたすぐれた個性をいきいきとよみがえらせたいと考える。そのためには、対象とした人物とじっくりと対話し、ときにはきびしく対決していくことも必要になるだろう。

今日の歴史学が直面している困難の一つに、研究の過度の細分化、瑣末化が挙げられる。それは緻密さを求めるが故に陥った弊害といえるが、その結果として、歴史の大きな見通しが失われ、歴史学を通しての社会への働きかけの途が閉ざされ、人々の歴史への関心を弱める危険性がある。今こそ歴史が何のためにあるのかという、基本的な課題に応える必要があろう。評伝という興味ある方法を通じて、解決の手がかりを見出せないだろうかというのも、この企画の一つのねらいである。

狭義の歴史学の研究者だけでなく、多くの分野ですぐれた業績をあげている著者たちを迎えて、従来見られなかった規模の大きな人物史の叢書として、「ミネルヴァ日本評伝選」の刊行を開始したい。

平成十五年（二〇〇三）九月

ミネルヴァ書房

ミネルヴァ日本評伝選

企画推薦
梅原　猛
ドナルド・キーン
佐伯彰一
角田文衞

監修委員
上横手雅敬
芳賀　徹

編集委員
石川九楊
伊藤之雄
猪木武徳
今谷　明
今橋映子
熊倉功夫
佐伯順子
坂本多加雄
武田佐知子
竹西寛子
西口順子
兵藤裕己
御厨　貴

上代

俾弥呼　古田武彦
日本武尊　西宮秀紀
仁徳天皇　若井敏明
雄略天皇　吉村武彦
*蘇我氏四代　遠山美都男
推古天皇　義江明子
聖徳太子　仁藤敦史
斉明天皇　武田佐知子
小野妹子・毛人　大橋信弥
*額田王　梶川信行
弘文天皇　遠山美都男
天武天皇　新川登亀男
持統天皇　丸山裕美子
阿倍比羅夫　熊田亮介
柿本人麻呂　古橋信孝
*元明天皇・元正天皇　渡部育子
聖武天皇　本郷真紹
光明皇后　寺崎保広
孝謙天皇　勝浦令子
藤原不比等　荒木敏夫
吉備真備　今津勝紀
藤原仲麻呂　木本好信
道　鏡　吉川真司
大伴家持　和田　萃
行　基　吉田靖雄

平安

*桓武天皇　井上満郎
嵯峨天皇　西別府元日
宇多天皇　古藤真平
醍醐天皇　石上英一
村上天皇　京樂真帆子
花山天皇　上島　享
*三条天皇　倉本一宏
藤原薬子　中野渡俊治
小野小町　錦　仁
藤原良房・基経　滝浪貞子
菅原道真　竹居明男
*紀貫之　神田龍身
源高明　所　功
慶滋保胤　平林盛得
*安倍晴明　斎藤英喜
藤原実資　橋本義則
*藤原道長　朧谷　寿
藤原伊周・隆家　倉本一宏
藤原定子　山本淳子
清少納言　後藤祥子
紫式部　竹西寛子
和泉式部　ツベタナ・クリステワ
大江匡房　小峯和明
阿弖流為　樋口知志
坂上田村麻呂　熊谷公男
*源満仲・頼光　元木泰雄
平将門　西山良平
藤原純友　寺内　浩
空　海　頼富本宏
最　澄　吉田一彦
*空　也　石井義長
奝　然　上川通夫
*源　信　小原　仁
後白河天皇　美川　圭
式子内親王　奥野陽子
建礼門院　生形貴重
平清盛　田中文英
藤原秀衡　入間田宣夫
平時子・時忠　元木泰雄
平維盛　根井　浄
守覚法親王　阿部泰郎
藤原隆信・信実　山本陽子

鎌倉

源頼朝　川合　康
*源義経　近藤好和
源実朝　神田龍身
後鳥羽天皇　五味文彦
九条兼実　村井康彦
北条時政　野口　実
熊谷直実　佐伯真一
*北条政子　関　幸彦
北条義時　岡田清一
曾我十郎・五郎　杉橋隆夫
北条時宗　近藤成一
安達泰盛　山陰加春夫
平頼綱　細川重男
竹崎季長　堀本一繁
西　行　光田和伸

藤原定家　赤瀬信吾
*京極為兼　今谷　明
*兼好　島内裕子
重源　横内裕人
*運慶　根立研介
快慶　井上一稔
法然　今堀太逸
慈円　大隅和雄
明恵　西山　厚
親鸞　末木文美士
恵信尼・覚信尼　西口順子
覚如　今井雅晴
道元　船岡　誠
叡尊　細川涼一
*忍性　松尾剛次
*日蓮　佐藤弘夫
一遍　蒲池勢至
夢窓疎石　田中博美
*宗峰妙超　竹貫元勝

南北朝・室町

後醍醐天皇　上横手雅敬
護良親王　新井孝重
赤松氏五代　渡邊大門
*北畠親房　岡野友彦
楠正成　兵藤裕己
*新田義貞　山本隆志
光厳天皇　深津睦夫
足利尊氏　市沢　哲
佐々木道誉　下坂　守
円観・文観　田中貴子
足利義満　川嶋將生
足利義教　横井　清
大内義弘　平瀬直樹
伏見宮貞成親王　松薗　斉
山名宗全　山本隆志
日野富子　脇田晴子
世阿弥　西野春雄
雪舟等楊　河合正朝
宗祇　鶴崎裕雄
*満済　森　茂暁
一休宗純　原田正俊
蓮如　岡村喜史

戦国・織豊

北条早雲　家永遵嗣
毛利元就　岸田裕之
*今川義元　小和田哲男
*武田信玄　笹本正治
*武田勝頼　笹本正治
*真田氏三代　笹本正治
三好長慶　仁木　宏
*宇喜多直家・秀家　渡邊大門
*上杉謙信　矢田俊文
吉田兼倶　西山　克
山科言継　松薗　斉
*雪村周継　赤澤英二
織田信長　三鬼清一郎
豊臣秀吉　藤井讓治
*北政所おね　田端泰子
*淀殿　福田千鶴
前田利家　東四柳史明
黒田如水　小和田哲男
蒲生氏郷　藤田達生
*細川ガラシャ　田端泰子
伊達政宗　伊藤喜良
*支倉常長　田中英道
ルイス・フロイス　エンゲルベルト・ヨリッセン
*長谷川等伯　宮島新一
顕如　神田千里

江戸

徳川家康　笠谷和比古
徳川家光　野村　玄
徳川吉宗　横田冬彦
*後水尾天皇　久保貴子
光格天皇　藤田　覚
崇伝　杣田善雄
春日局　福田千鶴
池田光政　倉地克直
シャクシャイン　岩崎奈緒子
*田沼意次　藤田　覚
*二宮尊徳　小林惟司
末次平蔵　岡美穂子
高田屋嘉兵衛　生田美智子
林羅山　鈴木健一
吉野太夫　渡辺憲司
中江藤樹　辻本雅史
山崎闇斎　澤井啓一
山鹿素行　前田　勉
*北村季吟　島内景二
貝原益軒　辻本雅史
松尾芭蕉　楠元六男
*ケンペル　B・M・ボダルト＝ベイリー
荻生徂徠　柴田　純
雨森芳洲　上田正昭
前野良沢　松田　清
平賀源内　石上　敏
本居宣長　田尻祐一郎
杉田玄白　吉田　忠
上田秋成　佐藤深雪
木村蒹葭堂　有坂道子
*大田南畝　沓掛良彦
菅江真澄　赤坂憲雄
*鶴屋南北　諏訪春雄
良寛　阿部龍一
*山東京伝　佐藤至子
*滝沢馬琴　高田　衛
シーボルト　宮坂正英
本阿弥光悦　岡　佳子
小堀遠州　中村利則
狩野探幽・山雪　山下善也
尾形光琳・乾山　河野元昭
*二代目市川團十郎　田口章子
与謝蕪村　佐々木丞平
伊藤若冲　狩野博幸
鈴木春信　小林　忠
円山応挙　佐々木正子
*佐竹曙山　成瀬不二雄
葛飾北斎　岸　文和
酒井抱一　玉蟲敏子
孝明天皇　青山忠正
*和宮　辻ミチ子

徳川慶喜　大庭邦彦
島津斉彬　原口　泉
*古賀謹一郎　小野寺龍太
*栗本鋤雲　小野寺龍太
*月　性　海原　徹
*吉田松陰　海原　徹
*高杉晋作　海原　徹
ペリー　遠藤泰生
オールコック　佐野真由子
アーネスト・サトウ　奈良岡聰智
冷泉為恭　中部義隆

近代

*明治天皇　伊藤之雄
*大正天皇　F・R・ディキンソン
*昭憲皇太后・貞明皇后　小田部雄次
大久保利通　三谷太一郎
山県有朋　鳥海　靖
木戸孝允　落合弘樹
井上　馨　伊藤之雄
*松方正義　室山義正
北垣国道　小林丈広
板垣退助　小川原正道
大隈重信　五百旗頭薫
伊藤博文　坂本一登
井上　毅　大石　眞
井上　勝　老川慶喜
*桂　太郎　小林道彦
渡辺洪基　瀧井一博
*乃木希典　佐々木英昭
林　董　君塚直隆
児玉源太郎　小林道彦
*高宗・閔妃　木村　幹
山本権兵衛　室山義正
高橋是清　鈴木俊夫
小村寿太郎　簑原俊洋
*犬養　毅　小林惟司
加藤高明　櫻井良樹
加藤友三郎・寛治　麻田貞雄
牧野伸顕　小宮一夫
田中義一　黒沢文貴
平沼騏一郎　堀田慎一郎
宇垣一成　北岡伸一
宮崎滔天　榎本泰子
*浜口雄幸　川田　稔
幣原喜重郎　西田敏宏
関　一　玉井金五
水野広徳　片山慶隆
広田弘毅　井上寿一
安重根　上垣外憲一
グルー　廣部　泉
永田鉄山　森　靖夫
東條英機　牛村　圭
今村　均　前田雅之
蔣介石　劉　岸偉
石原莞爾　山室信一
木戸幸一　波多野澄雄
*岩崎弥太郎　武田晴人
伊藤忠兵衛　末永國紀
五代友厚　田付茉莉子
大倉喜八郎　村上勝彦
*安田善次郎　由井常彦
渋沢栄一　武田晴人
山辺丈夫　宮本又郎
武藤山治　阿部武司・桑原哲也
小林一三　橋爪紳也
大倉恒吉　石川健次郎
大原孫三郎　猪木武徳
*河竹黙阿弥　今尾哲也
イザベラ・バード　加納孝代
*林　忠正　木々康子
森　鷗外　小堀桂一郎
二葉亭四迷　ヨコタ村上孝之
夏目漱石　佐々木英昭
巌谷小波　千葉信胤
樋口一葉　佐伯順子
島崎藤村　十川信介
泉　鏡花　東郷克美
有島武郎　亀井俊介
永井荷風　川本三郎
北原白秋　平石典子
菊池　寛　山本芳明
宮澤賢治　千葉一幹
正岡子規　夏石番矢
高浜虚子　坪内稔典
与謝野晶子　佐伯順子
*種田山頭火　村上　護
*斎藤茂吉　品田悦一
*高村光太郎　湯原かの子
萩原朔太郎　エリス俊子
原阿佐緒　秋山佐和子
*狩野芳崖・高橋由一　古田　亮
竹内栖鳳　北澤憲昭
黒田清輝　高階秀爾
中村不折　石川九楊
横山大観　高階秀爾
*橋本関雪　西原大輔
小出楢重　芳賀　徹
土田麦僊　天野一夫
岸田劉生　北澤憲昭
松旭斎天勝　川添　裕
中山みき　鎌田東二
佐田介石　谷川　穣
ニコライ　中村健之介
出口なお・王仁三郎　川村邦光
島地黙雷　阪本是丸
*新島　襄　太田雄三
木下広次　冨岡　勝
嘉納治五郎　クリストファー・スピルマン
津田梅子　田中智子
*澤柳政太郎　新田義之
河口慧海　高山龍三
山室軍平　室田保夫
大谷光瑞　白須淨眞
*久米邦武　髙田誠二
フェノロサ　伊藤　豊
三宅雪嶺　長妻三佐雄
*岡倉天心　木下長宏
志賀重昂　中野目徹

徳富蘇峰　杉原志啓
竹越與三郎　西田　毅
内藤湖南・桑原隲蔵　礪波　護
岩村　透　今橋映子
西田幾多郎　大橋良介
金沢庄三郎　石川遼子
上田　敏　及川　茂
柳田国男　鶴見太郎
厨川白村　張　競
大川周明　山内昌之
西田直二郎　林　淳
市河三喜・晴子　河島弘美
折口信夫　斎藤英喜
九鬼周造　粕谷一希
辰野　隆　金沢公子
シュタイン　瀧井一博
*福澤諭吉　平山　洋
*西　周　清水多吉
福地桜痴　山田俊治
田口卯吉　鈴木栄樹
*陸　羯南　松田宏一郎
黒岩涙香　奥　武則
宮武外骨　山口昌男
*吉野作造　田澤晴子
野間清治　佐藤卓己

山川　均　米原　謙
岩波茂雄　十重田裕一
*北　一輝　岡本幸治
中野正剛　吉田則昭
満川亀太郎　福家崇洋
杉　亨二　速水　融
*北里柴三郎　福田眞人
田辺朔郎　秋元せき
*南方熊楠　飯倉照平
寺田寅彦　金森　修
石原　純　金子　務
J・コンドル　鈴木博之
辰野金吾　河上真理・清水重敦
小川治兵衛　尼崎博正

現代

昭和天皇　御厨　貴
高松宮宣仁親王　後藤致人
*李方子　小田部雄次
吉田　茂　中西　寛
マッカーサー　柴山　太
石橋湛山　増田　弘
重光　葵　武田知己

池田勇人　中村隆英
高野　実　篠田　徹
和田博雄　庄司俊作
朴正熙　木村　幹
竹下　登　真渕　勝
*松永安左エ門　橘川武郎
鮎川義介　井口治夫
出光佐三　橘川武郎
松下幸之助　米倉誠一郎
渋沢敬三　井上　潤
*本田宗一郎　伊丹敬之
井深　大　武田　徹
佐治敬三　小玉　武
幸田家の人々　金井景子
*正宗白鳥　大嶋　仁
大佛次郎　福島行一
*川端康成　大久保喬樹
*薩摩治郎八　小林　茂
松本清張　杉原志啓
安部公房　成田龍一
*三島由紀夫　島内景二
R・H・ブライス　菅原克也
金素雲　林　容澤

柳　宗悦　熊倉功夫
バーナード・リーチ　鈴木禎宏
イサム・ノグチ　酒井忠康
川端龍子　岡部昌幸
藤田嗣治　林　洋子
*井上有一　海上雅臣
*手塚治虫　竹内オサム
山田耕筰　後藤暢子
古賀政男　藍川由美
*吉田　正　金子　勇
武満　徹　船山　隆
*力道山　岡村正史
美空ひばり　朝倉喬司
植村直巳　湯川　豊
*西田天香　宮田昌明
安倍能成　中根隆行
サンソム夫妻　平川祐弘・牧野陽子
和辻哲郎　小坂国継
矢代幸雄　稲賀繁美
石田幹之助　岡本さえ
*平泉　澄　若井敏明
安岡正篤　片山杜秀
島田謹二　小林信行
前嶋信次　杉田英明

保田與重郎　谷崎昭男
福田恆存　川久保剛
井筒俊彦　安藤礼二
佐々木惣一　松尾尊兊
*瀧川幸辰　伊藤孝夫
矢内原忠雄　等松春夫
福本和夫　伊藤　晃
*フランク・ロイド・ライト　大久保美春
大宅壮一　有馬　学
今西錦司　山極寿一

*は既刊
二〇一一年三月現在